Wolfgang Jean Costanza

Apprendre l'allemand en 10 jours

Cours de langue facile avec
une nouvelle méthode

Bibliografische Information der Deutschen Bibliothek: Die Deutsche Bibliothek verzeichnet diese Publikation in der Deutschen Nationalbibliografie; detaillierte bibliografische Daten sind im Internet über http://dnb.ddb.de abrufbar.

Éditeur:
BoD - Books on Demand,
Norderstedt, Allemagne
ISBN 978-3-7431-9573-8
Dépôt légal: mai 2017
© 2017 Wolfgang Jean Costanza
Tous droits réservés pour tous les pays.
Frontispice: Le bateau à aubes 'Uri' sur le lac de Quatre-Cantons (Vierwaldstätter See) en Suisse
Photo: Wolfgang Jean Costanza

Table des matières

Le contrôle douanier. La prononciation.   5

Où est la gare? Articles.   10

La grève. Noms.   19

La panne. Adjectifs.   24

Première rencontre. Verbes réguliers.   31

La robe de mariée. Verbes irréguliers.   38

Le voyage de noces. Pronoms personnels.   49

Arrivée à l'hôtel. Autres pronoms.   54

Au restaurant. Espace et temps.   64

Phrases importantes   68

Verbes irréguliers   76

Vocabulaire   78

Premier jour

Transcription phonétique (TP) et prononciation

La syllabe accentuée est soulignée. L'allemand distingue les sons de voyelle brefs des sons de voyelle longs qui sont indiqués par le doublement de la voyelle.

Prononciation des voyelles

lettre	TP	comme le mot français	allemand	TP	traduction
a (bref)	a	artiste	Artist	ar-<u>tist</u>	acrobate
a (long)	aa	marmelade	Marmelade	marme-<u>laa</u>-de	confiture
e	e	je	Garten	<u>gar</u>-ten	jardin
e (ouvert)	è	père	der	dèèr	le
e (fermé)	é	été	Tee	téé	thé
i (bref)	i	illégal	illegal	<u>i</u>-legal	illégal
i (long)	ii	rire	Tiger	<u>tii</u>-guer	tigre
ie	ii	vie	Liebe	<u>lii</u>-be	amour
o (bref)	o	omnibus	Omnibus	<u>om</u>-nibous	bus
o (long)	oo	dôme	Dom	doom	cathédrale
u (bref)	ou	couvert	Kuvert	kou-<u>vèrt</u>	enveloppe
y	i	le yen	der Yen	dèèr ién	le yen
	u	urgent	System	su-<u>stéém</u>	système

5

Prononciation de l'Umlaut

Les trémas au - dessus des voyelles s'appellent **Umlaut** (<u>oum</u>-laot)

ä	**è**	sec	Männer	<u>mè</u>-ner	hommes
ä	**èè**	sphère	Sphäre	<u>sphèè</u>-re	sphère
ö	**eu**	heureux	öffnen	<u>euf</u>-nen	ouvrir
ö	**eueu**	douloureux	Möhre	<u>meueu</u>-re	carotte
ü	**u**	urgent	Rücken	<u>ru</u>-ken	dos
ü	**uu**	dune	Düne	<u>duu</u>-né	dune

Prononciation des diphtongues

Les diphtongues sont les combinaisons de deux voyelles dans une même syllabe.

ai,	**aï**	ail	Mais	ma**ï**s	maïs
ei			ein	**aï**n	un
au	**ao**	là-haut	Maut	m**ao**t	péage
	oo	taupe	Restau-rant	rest**oo**-rant	restaurant
äu /	**oï**	Loïc	Käufer	k**oï**-fer	acheteur
eu			die Leute	dii <u>loï</u>-te	les gens

Prononciation des consonnes

b	**b**	bon	Bild	**b**ilt	l'image
c	**k**	café	das Café	**k**a-<u>féé</u>	le café
	ts	tsunami	Celsius	<u>tsèl</u>-sious	Celsius
	tsh	tchin - tchin	Cembalo	<u>tsh</u>em-balo	clavecin
ch	**ch**	Juan (espagnol)	Dach	da**ch**	toit
	k	ch suite d'un s	Lachs	la**ks**	saumon
ck	**k**	plouc	der Dreck	dèèr drè**k**	l'ordure
g	**g**	garantie	Garantie	**g**aran-<u>tii</u>	garantie
	gk	zinc	Achtung!	achtoun**gk**	attention!

g	**gu**	guérison	geben	**gu**èè-ben	donner
(avant		guide	Gipfel	**gu**ip-fel	sommet
e, i, y)		Guyane	Gymnasium	**gu**um-<u>na</u>-sioum	lycée
h	**h'**	ha!	ha! Herr	**h'**èrr	monsieur
j	**i**	ici	ja	**i**aa	oui
qu	**kv**	quoi	Quelle	**kv**è-lé	source
s / ß	**s**	tasse	Tasse	<u>ta</u>-**s**é	tasse
	z	rose	Rose	<u>ro</u>-**z**é	rose
sch	**sh**	‚fish' (anglais)	Fisch	fi**sh**	poisson
sp	**shp**	d'arrache-pied	Spiel	**shp**iil	jeu
st	**sht**	début de mot	Stuhl	**sht**ououl	chaise
	st	milieu/fin de mot	Rast	ra**st**	repos
tsch	**tsh**	tchèque	deutsch	doï**tsh**	allemand
v	**f**	femme	Vater	**f**aa-tèr	père
	v	vase	Vase	**v**aa-zé	vase
w	**v**	verre	Welt	**v**èlt	monde
z	**ts**	tsunami	zahlen	**ts**aa-len	payer

<u>Règles générales</u>

Les mots se prononcent comme ils s'écrivent et ils s'écrivent comme ils se prononcent.

Une voyelle est longue quand elle est doublée: Meer (méér) mer, quand elle est suivie d'un ‚h': Stuhl (stououl) / chaise, quand elle est suivie d'un seul consonne: Tag (taag) / jour.

Une voyelle est brève quand elle est suivie de deux consonnes ou plus: Bett (bét) / lit.

Les consonnes placées en fin de mot se prononcent toujours: Sport (sport) / sport

Le ‚m' et le ‚n' sont toujours prononcés indépendamment: Moment (mo-<u>ment</u>) / moment

Le **s** se prononce toujours comme dans tasse et jamais comme dans rose. Le son du s dans le mot rose est indiqué par la transcription phonétique **z**.

La prononciation de l'alphabet

A a B béé C tséé D déé E éé F èf G guéé H h'aa I ii J jot K kaa L èl M ém N én O oo P péé Q kouou R èr S ès T téé U ouou V fao W véé X iks Y <u>up</u>-silon Z tsèd

F Mots 'Vrais jumeaux'

'Vrais jumeaux': mots qui sont écrits de la même façon et qui ont les mêmes significations en français et en allemand.

die Adresse (a-<u>drè</u>-sé)   das Auto (<u>ao</u>-too)
die Banane (ba-<u>naa</u>-ne)   die Bar (baar)
die Batterie (bate-<u>rii</u>)   beige (béésh)
der Bikini (bi-<u>kii</u>-nii)   blond (blond)
das Bonbon (<u>bon</u>-bon)   der Boulevard (boul<u>vaar</u>)
der Bus (bous)   die Creme (<u>krèè</u>-mé)
die Dame (<u>daa</u>-mé)   das Dessert (dé-<u>sèr</u>)

Abréviations

E	exemple
R	règle
m	masculin
f	féminin
n	neutre
sg	singulier
pl	pluriel
F	facultatif

Lisez s.v.p. le texte suivant à voix haute. Il est d'une grande importance: lire, parler et écouter le texte en même temps.
Apprenez s.v.p. les mots soulignés au vocabulaire de <u>acheter</u> à <u>billet</u>.

Le contrôle douanier / Die Zollkontrolle

Lieu: L'aéroport à Munich
une touriste T, douanier D

D Bonjour. Guten Tag (<u>gouou</u>-ten taag). Le passeport s'il vous plait. Den Pass bitte (déén pas <u>bi</u>-te). Le passeport est périmé. Der Pass ist abgelaufen (dèèr pas ist <u>ab</u>-guélaofen).
T Voici la carte d'identité. Hier ist der Personalausweis (hiir ist dèèr pèrso-<u>naal</u>-aosvaïs). J'ai *voyagé* beaucoup de temps par toute l'Allemagne. Ich bin lange Zeit durch ganz Frankreich *gereist* (ich bin <u>lan</u>-gue tsaït dourch gants <u>frank</u>-raïch gué-<u>raïst</u>). Il y a quel que chose de nouveau en Allemagne? Gibt es etwas Neues in Deutschland (guibt és <u>ét</u>-vas <u>noï</u>-es in <u>doïtsh</u>-land)?
D Je *ne* sais *rien* de nouveau. Ich weiß *nichts* Neues (ich vaïs nichts <u>noï</u>-es). Avez -*vous* quelque chose à déclarer? Haben *Sie* etwas zu verzollen (h'<u>aa</u>-ben sii ét-vas tsou fèr-<u>tso</u>-len)?
T Je n'ai *rien* à déclarer. Ich habe *nichts* zu verzollen (ich h'<u>aa</u>-be nichts tsou fèr-<u>tso</u>-len).
D Ouvrez cette valise! Öffnen Sie diesen Koffer (<u>euf</u>-nen sii <u>dii</u>-zen <u>ko</u>-fèr)! Maintenant je sais quelque chose de nouveau pour vous. Jetzt weiß ich etwas Neues für Sie (iétst vaïs ich <u>ét</u>-vas <u>noï</u>-es fuur sii).Vous devez payer les droits de douane pour ceci. Sie müssen für das hier Zoll bezahlen (sii <u>mu</u>-sen fuur daas hiir tsol bé-<u>tsaa</u>-len).
T Mais c'est un cadeau. Aber das ist ein Geschenk (<u>a</u>-bèr daas ist aïn gué-<u>shénk</u>).
D Pour qui? Für wen (fuur wéén)?
T Pour vous. Für Sie (fuur sii).
D Je *vous* remercie. Ich danke *Ihnen* (ich <u>dan</u>-ke <u>ii</u>-nen).
T De rien. Keine Ursache. (<u>kaï</u>-ne <u>our</u>-sache).

Deuxième jour

L'article défini

E L'Allemand et la Française aiment le pays natal.
   Der Deutsche und **die** Französin lieben **das** Heimatland.
pl **Die** Deutschen und **die** Französinnen lieben **die** Heimatländer.
R Il y a trois articles définis:
   L'article masculin **der** (dèèr) **S 1**
   L'article féminin **die** (dii)
   L'article neutre **das** (daas)
   L'article défini au pluriel est **die** (dii).
   Le genre et le nombre de l'article s'accordent avec le nom.

L'article indéfini

E Un Allemand et une Française ont un rendez-vous.
   Ein Deutscher (1) und **eine** Französin (2) haben **ein** Rendezvous (3).
pl Deutsche und Französinnen haben Rendezvous.
R Il y a deux articles indéfinis:
   L'article masculin (1) et neutre (3): **ein** (aïn)
   L'article féminin (2): **eine** (aïne)
   L'article indéfini disparaît au pluriel.

Les cas de la déclinaison

E Karl donne la rose à Nicole.
   Karl schenkt Nicole die Rose. (1)
R Le sujet d'une phrase est au **nominatif**:
   Was (vaas) /que, quoi?
   Wer (vèèr) / qui? (Karl).

L'objet direct de la phrase est à l'**accusatif**:
Wen (véén) / qui? Was (vaas) / que, quoi? (la rose).
L'objet indirect de la phrase est au **datif**:
Wem (véém) / à qui? (à Nicole).
Le **génitif** répond à la question wessen (vé-sen) / de qui?
Il s'emploie pour exprimer la possession. La personne (chose) qui possède est au génitif.
(1) Quand il y a deux compléments d'objet, le complément indirect vient avant le complément direct.

La déclinaison de l'article défini

Tableau 1: <u>Déclinaison de l'article défini</u>

	N	A	D	G
m	der	den	dem	des
n	*das*	*das*	dem	des
f	*die*	*die*	*der*	*der*
pl	*die*	*die*	den	der

N nominatif   A accusatif   D datif   G génitif

N et A sont *identiques* en genre n, f et au pl.
D et G sont *identiques* en genre f.
Moyen mnémotechnique:
Le père salue le fils sur le quai de la gare.
Der Vater begrüßt **den** Sohn (**S 14**) auf **dem** Bahnsteig **des** Bahnhofs. (**S 6**)
L'enfant voit le jouet dans la vitrine du grand magasin.
Das Kind sieht *das* Spielzeug in **dem** Schaufenster **des** Kaufhauses.
La femme voit la blouse dans la vitrine de la boutique.
Die Frau sieht *die* Bluse (**S 5**) in *der* Vitrine (**S 11**) *der* Boutique.
Les enfants voient les jouets dans les vitrines des grands magasins. *Die* Kinder sehen *die* Spielzeuge in **den** (**S 29**) Schaufenstern **der** Kaufhäuser.

On peut former **contractions** comme suit:
la dernière lettre de l'article défini > la dernière lettre de la contraction.
an de**m** > a**m** (**S 17**), bei de**m** > bei**m**, in de**m** > i**m** (**S 2**), von de**m** > vo**m** (**S 31**), zu de**m** > zu**m** (**S 3**), zu de**r** > zu**r** (**S 4**), an da**s** > an**s**, auf da**s** > auf**s**, durch da**s** > durch**s**, für da**s** > für**s**, in da**s** > in**s** (**S 16**), um da**s** > um**s**.

La déclinaison de l'article indéfini

Tableau 2: <u>Déclinaison de l'article indéfini</u>

	N	A	D	G
m	<u>ein</u>	ein(d)en	ein(d)em	ein(d)es
n	*<u>ein</u>*	*<u>ein</u>*	ein(d)em	ein(d)es
f	*<u>eine</u>*	*<u>eine</u>*	ein(d)er (**S 13**)	ein(d)er

Règle: On décline l'article indéfini comme suit: **ein** + **les deux dernières lettres de l'article défini**. (**S 32**)
<u>Exceptions</u>: les articles indéfinis soulignés. N et A sont *identiques* en genre n et f.
Moyen mnémotechnique:
Un homme pense: en regardant un miroir une fille voit une fille, une femme voit une femme.
<u>Ein</u> Mann denkt: einen Spiegel (**S 6**) betrachtend sieht *<u>ein</u>* Mädchen *<u>ein</u>* Mädchen, sieht *<u>eine</u>* Frau *<u>eine</u>* Frau. (**S 10**)

F <u>Mots 'Vrais jumeaux'</u>

die Etage (é-<u>taa</u>-shé)   das Etui (étou-<u>ii</u>)
der Film (film)   die Garage (ga-<u>raa</u>-shé)
die Grotte (<u>gro</u>-té)   das Hotel (h'o-<u>tèl</u>)
die Infektion (infèktsi-<u>oon</u>)die Information (informatsi-<u>oon</u>)
interessant (intèrè-<u>sant</u>)   international (intèrnatsio-<u>naal</u>)
die Kamera (<u>ka</u>-mera)   der Kanal (ka-<u>naal</u>)
das Karat (ka-<u>raat</u>)   das Kilo (<u>ki</u>-lo)

Nombres cardinaux / Grundzahlen

0 null (noul)
1 eins (aïns)
2 zwei (tsvaï)
3 drei (draï)
4 vier (fiir)
5 fünf (funf)
6 sechs (séks)
7 sieben (sii-ben)
8 acht (acht)
9 neun (noïn)
10 zehn (tséén)
11 elf (èlf)
12 zwölf (tsveulf)
13 dreizehn (draï-tséén)
14 vierzehn (fiir-tséén)
15 fünfzehn (funf-tséén)
16 sechzehn (sèch-tséén)
17 siebzehn (siib-tséén)
18 achtzehn (acht-tséén)
19 neunzehn (noïn-tséén)
20 zwanzig (tsvan-tsigk)
21 einundzwanzig (aïn-ound-tsvan-tsigk)
22 zweiundzwanzig (tsvaï-ound-tsvan-tsigk)
30 dreißig (draï-sigk)
40 vierzig (fiir-tsigk)
50 fünfzig (funf-tsigk)
60 sechzig (sèch-tsigk)
70 siebzig (siib-tsigk)
71 einundsiebzig (aïn-ound-siib-tsigk)
72 zweiundsiebzig (tsvaï-ound-siib-tsigk)
80 achtzig (acht-tsigk)
81 einundachtzig (aïn-ound-acht-tsigk)
90 neunzig (noïn-tsigk)

100 hundert (h'oun-dèrt)
101 hunderteins (h'oun-dèrt aïns)
200 zweihundert (tsvaï-h'oun-dèrt)
1000 tausend (tao-send)
1000000 eine Million (aï-ne mili-on)

R De 13 -19 on prend l'unité + zehn par exemple: Dreizehn. **Exceptions**: sechszehn > **sechzehn**, siebenzehn > **siebzehn**.
A partir de 21 on prend l'unité + und + dizaine, par exemple: zweiundzwanzig.

F Nombres ordinaux / Ordnungszahlen

Der, die , das
erste	<u>érs</u>-te
zwei **te**	<u>tsvaï</u> te
dritte	<u>dri</u>-te
vier **te**	<u>fiir</u>-te
fünf **te**	<u>funf</u>-te
sechs **te**	<u>séks</u>-te
siebte	<u>siib</u>-te
achte	<u>ach</u>-te
neun **te**	<u>noïn</u>-te
zehn **te**	<u>tséén</u>-te
zwanzig **ste**	<u>tsvantsigk</u>-ste

R On forme les nombres ordinaux de 1-19 comme suit: nombre cardinal + **-te**, à partir de 20: nombre cardinal + **ste**.
Exceptions: der/die /das **erste, dritte, siebte, achte**.

F Nombres fractionnaires / Bruchzahlen

R Nombre ordinal + l > nombre fractionnaire.
E dritte + l > ein Drittel, vierte + l > ein Viertel
Exception: ½ ein halb

F La date

R Pour la date on utilise toujours **les nombres ordinaux**.
E Le combien sommes nous aujourd'hui? Den Wievielten haben wir heute (déén vi-<u>fiil</u>-ten <u>h'aa</u>-ben viir <u>h'oï</u>-te)?

Aujourd'hui nous sommes le 2 avril. Heute haben wir **den zweiten April** (<u>hoï</u>-te <u>h'aa</u>-ben viir déén <u>tsvaï</u>-ten a-<u>pril</u>).

R Pour préciser la date d'un événement on utilise le mot **am** (contraction de la préposition an et de l'article der au datif: an + dem > am). (**S 18**)

E Je suis né le 2 avril. Ich bin **am** zweiten April geboren (ich bin am <u>tsvaï</u>-ten a-<u>pril</u> gé-<u>boo</u>-ren).

R Pour indiquer le mois ou la saison on utilise le mot **im** (contraction de la préposition in et l'article das au datif: in + dem > im).

E C'était en juin / été. Es war **im** Juni / Sommer (és vaar im <u>iouou</u>-ni <u>so</u>-mer).

Pour les années on lit les deux premiers chiffres comme un nombre cardinal, on ajoute le mot hundert puis le nombre des deux derniers chiffres, par exemple 1999: neunzehn - hundert-neunundneunzig. À partir de 2000 on lit l'année comme un seul nombre, par exemple:
2016 zweitausendsechzehn.
Il y a deux façons pour indiquer l'année:
C'était en 2000. Es war (im Jahr) zweitausend.
Pour indiquer les fêtes on utilise la préposition **an** / **zu**.
C'était á Pâques. Es war **an** / **zu** Ostern (és vaar an tsou <u>oo</u>-stèrn).

F Demander l'heure

Quelle heure est-il? Wie viel Uhr ist es (vii fiil ouour ist és)? Ou: Wie spät ist es (vii shpèèt ist és)?
Il est / es ist 4.00 vier Uhr (fiir ouour) 4.10 zehn Minuten nach vier (tséén mi-<u>nouou</u>-ten nach viir) (1) 4.15 Viertel nach vier (<u>fiir</u>-tel nach fiir) (2) 4.30 halb fünf (h'alb funf) (3) 4.40 zwanzig Minuten vor fünf (<u>tsvan</u>-tsigk mi-<u>nouou</u>-ten foor funf) (4) 4.45 Viertel vor Fünf (<u>fiir</u>-tel foor funf) 5.00 fünf Uhr (funf ouour).

R 1 Jusq'à la demie on utilise la préposition *nach* et on compte *par rapport à l'heure passée.*
2 Le quart se dit Viertel.
3 Pour indiquer la demie on compte par rapport l'heure de venir.
4 Au-delà de la demie on utilise *vor* et compte *par rapport à l'heure suivante.*

Pour indiquer les horaires officiels la règle est la même qu'en français. On indique l'heure puis les minutes:
4.10 vier Uhr zehn (fiir ouour tséén)
R À la question 'à quelle heure / um wie viel Uhr' ou 'quand / wann' on répond par **um** + l'heure. (**S 25**)
E Tu viens à quelle heure / um wie viel Uhr kommst du?
   Je viens à dix heures / ich komme **um** zehn Uhr.

F Mots 'Vrais jumeaux'

die Million (mi-li-<u>oon</u>)   die Minute (mi-<u>nouou</u>-te)
die Mode (<u>moo</u>-de)   der Moment (mo-<u>ment</u>)
das Motel (<u>mo</u>-tèl)   die Nation (na-tsi-<u>oon</u>)
normal (nor-<u>maal</u>)   die Olive (o-<u>lii</u>-ve)
die Orange (o-<u>ran</u>-she)   die Panne (<u>pa</u>-né)
das Papier (pa-<u>piir</u>)   der Patient (pa-tsi-<u>ent</u>)
die Pension (pén-si-<u>oon</u>)   das Photo (<u>fo</u>-too)
der Plan (plaan)   die Portion (por-tsi-<u>oon</u>)
das Radio (<u>raa</u>-dioo)   die Religion (ré-li-gui-<u>oon</u>)
das Rendezvous   die Sandale (san-<u>daa</u>-le)
die Sauce (<u>soo</u>-sé)   der Service (<u>sèr</u>-vis)
die Serviette (sèr-vi-<u>é</u>-té)   das Signal (sig-<u>naal</u>)
der Sport (shport)   die Station (shta-tsi-<u>oon</u>)
die Tante (<u>tan</u>-té)   der Tarif (ta-<u>riif</u>)
die Tomate (to-<u>maa</u>-té)   das Taxi (<u>ta</u>-xi)
das Tennis (<u>té</u>-nis)   die Terrasse (tè-<u>ra</u>-sé)
der Transport (trans-<u>port</u>)   der Tunnel (<u>tou</u>-nel)
die Tube (<u>touou</u>-be)   die Vanille (va-<u>ni</u>-lé)

Où est la gare / Wo ist der Bahnhof?

Lieu: Munich
un touriste T, une passante P

T   Pardon, Madame. Entschuldigung, meine Dame (ént-shoul-digoungk maï-ne daa-me). Où est la gare? Wo ist **der** Bahnhof (voo ist dèèr baan-h'oof)?
P   Au centre de la ville. **Im** Stadtzentrum (im shtat-tsén - troum).
T   Je peux m'*y* rendre à pied? Kann ich zu Fuß *dorthin* gehen (kan ich tsou fouous dort-h'in gué-h'en)?
P   Ce n'est pas possible, parce que c'est trop loin. Das ist nicht möglich, weil es zu weit ist (daas ist nicht meueug-lich vaïl es tsou vaït ist). La gare est à une distance de dix kilomètres d'ici. Der Bahnhof ist 10 km von hier entfernt (dèèr baan-h'oof ist tséén kilo-méé-tèr fon h'iir ent-fèrnt).
T   Comment est-ce que je peux *aller* à la gare? Wie kann ich **zum** Bahnhof *fahren* (vii kan ich tsoum baan-h'oof faa-ren)?
P   Pour aller à l'arrêt d'autobus vous devez aller toujours tout droit jusqu'aux feux de signalisation, puis tourner à droite et prendre la deuxième à droite. Um **zur** Bushaltestelle zu kommen müssen Sie immer geradeaus gehen bis zur Ampel, dann rechts abbiegen und **die** zweite Straße rechts nehmen (oum tsuur bous-h'altéshtélle tsou ko-men mu-sen sii i-mer guéraade-aos gué-h'en bis tsouour am-pel dan rèchts ab-biiguen ound dii tsvaï-te shtraa-se rèchts néé-men). Pour aller à la station de métro vous devez *traverser* cette place, puis aller tout droit jusqu'au croisement et tourner à gauche. Um zur Metrostation zu kommen müssen Sie diesen Platz *überqueren*, dann geradeaus gehen bis zur Kreuzung und links abbiegen (oum tsouour métro-shtatsion tsou ko-men mu-sen sii

dii-zen plats uubèr-kvéé-ren dan geraade-aos gué-h'en bis tsouour kroï-tsoungk ound links ab-biiguen).
T Quel métro va à la gare? Welche Untergrundbahn fährt zum Bahnhof (vél-che oun-tèrgroundbaan fèèrt tsoum baan-h'oof)?
P Vousdevez *prendre* le métro U2. Sie müssen die U-Bahn U2 *nehmen* (sii mu-sen dii ouou-baan ou tsvaï néé-men).
T Combien d'arrêts y a-t-il jusqu'à la gare? Wie viele Haltestellen sind es bis zum Bahnhof (wii fii-le h'alte-shté - len sind és bis tsoum baan-h'oof)?
P Je suis désolée; je *ne* le sais *pas*. Es tut mir leid; ich weiß es *nicht* (es touout miir laïd ich vaïs es nicht).
T Cela *ne* fait *rien*, merci. Das macht *nichts*, danke (daas macht nichts dan-ke).

Question 1 (Q1): der quel genre? **Solution 1 (S1):** page 10 **Q2: im** quelle contraction? **S2:** 12 **Q3: zum** quelle contraction? **S3:** 12 **Q4: zur** quelle contraction? **S4:** 12 **Q5: die** quel cas? **S 5:** 11

F Mots 'Faux jumeaux'

Faux jumeaux': mots qui sont écrits presque de la même façon en français et en allemand et qui ont la même signification.

l'alcool	der Alkohol (al-koh'ool)
annuler	annullieren (anou-lii-ren)
l'apéritif	der Aperitif
l'apricot	die Aprikose (apri-koo-se)
le balcon	der Balkon (bal-koon)
le bal	der Ball (bal)
la banque	die Bank (bank)
la bière	das Bier (biir)

Apprenez s.v.p. les mots soulignés de boire à citron.

Troisième jour

Les noms

E L'allemand et la Française aiment le pays natal.
Der **D**eutsche und die **F**ranzösin lieben das **H**eimatland.
R Il y a trois genres en allemand:
Le masculin (der **D**eutsche)
Le féminin (die **F**ranzösin)
Le neutre (das **H**eimatland)
Tous les noms commencent par une **majuscule**.

F Règles sur le genre du substantif

Masculin: Les noms relatifs à des personnes de sexe masculin. Les noms de voitures.
Féminin: Les noms relatifs à des personnes de sexe féminin. Les chiffres (die Vier).
E Il va à la bibliothèque, achète un journal et s'informe sur la possibilité de guérir sa maladie par la science médicale.
Er geht in die Büche**rei**, kauft eine Zeit**ung** und informiert sich über die Möglich**keit**, seine Krank**heit** durch die medizinische Wissen**schaft** zu heilen.
Les noms en **-ei,-ung, -keit, -heit, -schaft**.
Neutre:
E L'enfant apprend d'abord la langue, plus tard les lettres.
Das Kind lernt zuerst die Sprache, später die Buchstaben.
R Les êtres jeunes (das Kind), les langues (das Deutsch), les lettres (das B)
les couleurs (le bleu / das Blau)
les diminutifs en **-lein** et **-chen** (la demoiselle / das Fräulein, la fille / das Mädchen).

F Marques du pluriel

E Les autos roulent par les rues. Les conductrices voient par les fenêtres des forêts et des étangs.
Die Autos (1) fahren über die Straßen (2). Die Fahrerinnen (3) sehen durch die Fenster (4) Wälder (5) und Teiche (6).

R 1 **-s** (Auto > Auto**s**) pour les noms d'origine étrangère.

2 **-n** (Straße > Straße**n**)
ou **en**: pour les noms féminins en **-ei**, **-ung**, **-keit**, **-heit**, **-schaft**.

3 **-nen** (Fahrerin > Fahrerin**nen**) pour les féminins terminés en -in.

4 (Fenster > Fenster) pas de terminaison au pluriel.

E La demoiselle porte un manteau. La fille porte un pullover et un enfant sur le dos.
Das Fräu**lein** trägt einen Mantel. Das Mäd**chen** trägt einen Pullover und ein Kind auf dem Rücken.
Pas de terminaison au pluriel:
pour les diminutifs **-lein** et **-chen**
pour la plupart des noms en **-el**, **-er**, **-en**.

5 **-er** (Wald > Wäld**er**)

6 **-e** (Teich > Teich**e**) pour beaucoup de noms monosyllabiques.

Noms composés

Nom + nom: Brief + Kasten > Briefkasten (boite aux lettres), Verbe + nom: liegen + Wagen > Liegewagen (wagon couchettes) (**S 8**) Adjectif + nom: halb + Pension > Halbpension (demi-pension) Adverbe + nom: zusammen + Arbeit > Zusammenarbeit (coopération).

Le genre et **la terminaison** s'accordent avec le dernier élément du mot composé:
Der Eintritt + **die** Karte> **die** Eintrittskarte**.**

F Noms de profession

R Profession masculine + **-in** > profession féminine.
E Journalist + **-in** > Journalist**in**.
Certains noms de profession masculins et féminins se terminent par -mann ou -frau.
E Der Geschäftsmann (homme d'affaires), die Geschäftsfrau (femme d'affaires) pl: die Geschäftsleute.

Les jours de la semaine

lundi	Montag <u>mon</u>-taag
mardi	Dienstag <u>diins</u>-taag
mercredi	Mittwoch <u>mit</u>-voch
jeudi	Donnerstag <u>do</u>-nèrs-taag
vendredi	Freitag <u>fraï</u>-taag
samedi	Samstag <u>sams</u>-taag
dimanche	Sonntag <u>son</u>-taag

Les mois

janvier	Januar <u>ia</u>-nouar
Février	Februar <u>fé</u>-brouar
Mars	März mèrts
avril	April a-<u>pril</u>
Mai	Mai maï
Juin	Juni <u>iouou</u>-nii
Juillet	Juli <u>iouou</u>-lii
août	August ao-<u>goust</u>
Septembre	September sep-<u>tém</u>-ber
octobre	Oktober ok-<u>too</u>-ber
novembre	November no-<u>fém</u>-ber
Décembre	Dezember dé-<u>tsém</u>-ber

Les saisons

printemps	Frühling <u>fruu</u>-ling	automne	Herbst h'èrbst
été	Sommer <u>so</u>-mer	hiver	Winter <u>win</u>-ter

La grève / Der Streik

Lieu: La gare de Munich
un touriste T, un employé E

T (devant le guichet / vor dem Schalter)
À quelle heure part le prochain train pour Berlin? Um wie viel Uhr fährt der nächste Zug nach Berlin (oum vii fiil ouour fèèrt dèr n<u>èk</u>-ste tsououg nach bèr-l<u>iin</u>)?

E Je *ne* le sais *pas*. Ich weiß es *nicht* (ich vaïs és nicht). Au lieu de l'horaire nous avons depuis hier une grève. An Stelle des Fahrplans haben wir seit gestern **einen** Streik (an st<u>é</u>-le des f<u>aar</u>-plaans h'<u>aa</u>-ben wiir saït g<u>é</u>-stèrn <u>aï</u>-nen shtraïk).

T De quel quai part le train? Von welchem Bahnsteig fährt der Zug ab (fon v<u>él</u>-chem b<u>aan</u>-staïg fèèrt dèèr tsououg ab)?

E Du quai six. Von Bahnsteig **sechs** (fon b<u>aan</u>-staïg séks).

T Est-ce que je dois changer de train? Muss ich umsteigen (mous ich <u>oum</u>-shtaïguen)?

E Vous devez changer à Göttingen. Sie müssen in Göttingen umsteigen (sii m<u>u</u>-sen in g<u>ueut</u>-inguen <u>oum</u>-staïgen).

T Je prendrai ma correspondance pour Berlin? Werde ich Anschluss nach Berlin haben (v<u>èr</u>-de ich <u>an</u>-shlous nach bèr-l<u>iin</u> h'<u>aa</u>-ben)?

E Oui. Ja (iaa)

T Combien de temps dure le voyage? Wie lange dauert die Fahrt (vii l<u>an</u>-gue d<u>ao</u>-ert dii faart)?

E Normalement cinq heures, mais aujourd'hui *par suite de* la grève huit heures. Normalerweise fünf Stunden, aber heute *als Folge des* Streiks acht Stunden (nor-m<u>a</u>-lèr-vaïse funf sht<u>oun</u>-den <u>aa</u>-bèr h'<u>oï</u>-te als f<u>ol</u>-gue des shtraïks acht sht<u>oun</u>-den).

T Il y a un wagon couchettes? Gibt es einen **Liegewagen** (guibt és <u>aï</u>-nen l<u>ii</u>-gue-v<u>aa</u>-guen)?

E Oui, mais *à cause de* la grève seulement jusqu'à Göt-
tingen. Ja, aber *wegen* des Streikes nur bis Göttingen
(iaa aa-ber vèè-guen dés straï-kes nouour bis gueu-tin-
guen).

T Je voudrais réserver un coin fenêtre et une couchette. Ich
möchte einen Fenster- und Liegeplatz reservieren (ich
meuch-te aï-nen fén-stèr ound lii-gueplats résèr-vii- ren).
Un billet en deuxième classe, aller - retour, le retour sans
grève, s'il vous plait. Eine Fahrkarte in der zweiten
Klasse, hin und zurück, die Rückfahrt bitte ohne Streik
(aï-ne faar-karte in dèèr tsvaï-ten cla-se h'in ound tsou -
ruk dii ruk-faart bi-té oo-ne shtraïk).

Q6: **einen** quel genre, cas? S6: 12

F Q7: **sechs** nombre ordinal et fractionnaire? S7: 14

Q8: **Liegewagen** quels sont les éléments du mot composé? S8: 20

F Mots 'Faux jumeaux'

le bureau   das Büro (bu-roo)
le déodorant   das Deodorant (deodo-rant)
direct   direkt (di-rèkt)
le directeur   der Direktor (di-rèk-toor)
le docteur   der Doktor (dok-toor)
la douche   die Dusche (dou-shé)
l'électricité   die Elektrizität (élèktritsi-tèèt)
l'Europe   Europa (oï-roo-pa)
excellent   exzellent (èxtsé-lént)
la famille   die Familie (fa-mii-lié)
fantastique   fantastisch (fan-tas-tish)
la forme   die Form (foorm)
le formulaire   das Formular (formou-laar)
fonctionner   funktionieren (founktsio-nii-ren)

Apprenez s.v.p. les mots soulignés de clef à étage.

Quatrième jour

Les adjectifs

E La mère française aime le père allemand et les belles filles.
Die französische Mutter liebt den deutschen Vater und die schönen Töchter.

R Les adjectifs ont différentes terminaisons selon **le genre, le cas** et **le nombre** du nom.
Les adjectifs précèdent le nom qu'ils qualifient. (**S12**)

E Il regarde la belle fille / les belles filles.
Er betrachtet die schöne Tochter / die schönen Töchter.

R Comme en français l'adjectif s'accorde avec le nom.

E La fille est belle. Les filles sont belles.
Die Tochter *ist* schön. Die Töchter *sind* schön.

R L'adjectif *introduit par un verbe situé après le nom* **ne s'accorde pas avec le nom.**

Les comparatifs et les superlatifs

E B est aussi belle que A. B ist **so** schön **wie** A.
Comparatif d'égalité: **so** + adjectif + **wie**
C est plus belle que B. C ist schön**er als** B.
Comparatif de supériorité: adjectif + **er** + **als**
C est moins belle que D. C ist **nicht so** schön **wie** D.
Comparatif de non - égalité: **nicht so** + adjectif + **wie**
D est la plus belle. D ist die Schön**ste**.
Le superlatif: adjectif + **ste**
D est la plus belle. D ist **am** schön**sten**.
Le superlatif absolu: **am** + adjectif + **sten**

F Les adjectifs courts qui contiennent a, o, u reçoivent un **Umlaut** au comparatif et superlatif, par exemple:
lang (long) l**ä**nger der L**ä**ngste
jung (jeune) j**ü**nger der J**ü**ngste
Pour faciliter la prononciation on peut intercaler ou

élider un ‚e' par exemple: kalt (froid) kälter der kältste > kälteste, teuer (cher) teuerer > teu(e)rer > teurer.

Comparatifs et superlatifs irréguliers
gern (volontiers) lieber (<u>lii</u>-ber) am liebsten (<u>liib</u>-sten)
gut (bien) besser (<u>bé</u>-ser) am besten (<u>bé</u>-sten)
viel (beaucoup) mehr (méér) am meisten (<u>maï</u>-sten) (S 28)
oft (souvent) öfter (<u>euf</u>-ter) am häufigsten (<u>h'oï</u>-figsten)
hoch (haut) höher (<u>h'eueu</u>-er) am höchsten (<u>h'euk</u>-sten)
nah (près) näher (<u>nèè</u>-er) am nächsten (<u>nèk</u>-sten) (S 9)
groß (grand) größer (<u>greueu</u>-ser) am größten (<u>greueu</u>-sten)

Tableau 3: **<u>Déclinaison de l'adjectif avec l'article défini</u>**

	N	A	D	G
	der	den	dem	des
m	*<u>schöne</u>*	schönen	schönen	schönen
	Mann	Mann	Mann	Mannes
	das	das	dem	des
n	*<u>schöne</u>*	*<u>schöne</u>*	schönen	schönen
	Mädchen	Mädchen	Mädchen	Mädchens
	die	die	der	der
f	*<u>schöne</u>*	*<u>schöne</u>*	schönen	schönen
	Frau	Frau	Frau	Frau
	die	die	den	der
pl	schönen	schönen	schönen	schönen
	Töchter	Töchter	Töchtern	Töchter

Règle: les adjectifs reçoivent la terminaison -en. (S 30)
<u>Exceptions</u>: les adjectifs <u>soulignés</u> qui sont *identiques*.
Moyen mnémotechnique:
Le bel homme pense: en regardant le miroir la belle fille voit la belle fille, la belle femme voit la belle femme.
Der <u>schöne</u> Mann denkt: den Spiegel betrachtend sieht das *<u>schöne</u>* Mädchen das *<u>schöne</u>* Mädchen, sieht die *<u>schöne</u>* Frau die *<u>schöne</u>* Frau.

Les articles (der, das, die) montrent le genre de l'adjectif. Pour cela il n'est pas nécessaire que la terminaison de l'adjectif indique le genre. Tous les adjectifs ont la même terminaison: **-e**.

Les noms sont identiques. Exceptions: au génitif (m n): pour la plupart terminaison **-es** ou **-s** (des Mannes, des Mädchens), au datif pl: pour la plupart la terminaison **-en** ou **-n** (den Töchter**n**).

Tableau 4: **Déclinaison de l'adjectif avec l'article indéfini**

	N	A	D	G
m	ein schön**er** Mann	einen schönen Mann	einem schönen Mann	eines schönen Manne**s**
n	ein *schönes* Mädchen	ein *schönes* Mädchen	einem schönen Mädchen	eines schönen Mädchens
f	eine *schöne* Frau	eine *schöne* Frau	einer schönen Frau	einer schönen Frau
pl	*schöne* Frauen	*schöne* Frauen	schönen Frauen	schön**er** Frauen

Règle: **les adjectifs avec l'article indéfini reçoivent** comme les adjectifs avec l'article défini **la terminaison -en**. (S 41) Exceptions:

1. au G pl terminaison **-er**, par exemple: die Fotos schön**er** Frauen / les photos des belles femmes.
2. les adjectifs soulignés.

Moyen mnémotechnique:

Un bel homme pense: en regardant un miroir une belle fille voit une belle fille, une belle femme voit une belle femme, des belles femmes voient des belles femmes.

Ein schön**er** Mann denkt: einen Spiegel betrachtend sieht ein *schönes* Mädchen ein *schönes* Mädchen, sieht eine *schöne* Frau eine *schöne* Frau, sehen *schöne* Frauen *schöne* Frauen.

L'article 'ein' ne montre pas le genre de l'adjectif. Pour cela il est nécessaire que la terminaison de l'adjectif indique le genre. La terminaison **-er** indique le genre **masculin**, la terminaison **-es** indique le genre **neutre**.

F <u>Déclinaison quand l'adjectif n'est pas précédé d'un article.</u> (**S 36**)
Règle: **les adjectifs avec l'article indéfini et les adjectifs sans article sont identiques.**
Exception:
Remplacez au datif et en genre féminin du génitif la dernière lettre de l'adjectif **par la dernière lettre de l'article indéfini**: einem schöne**n** > schöne**m**, einer schöne**n** > schöne**r**.

Adverbes

E Nicole est élégante. Elle s'habille élégamment.
Nicole ist **elegant**. Sie kleidet sich **elegant**.
R **En allemand la plupart des adjectifs sont utilisables comme adverbes.**

F <u>Comparaison de l'adverbe</u>

E	élégamment	plus élégamment	le plus élégamment
	élégant	elegan**ter**	am elegant**esten**

Conjugaison des auxiliaires haben et sein

présent	ich habe(1)	ich bin (2)
Gegenwart	du hast	du bist
1 j'ai	er/sie/es hat	er/sie/es ist
2 je suis	wir haben	wir sind
	ihr habt	ihr seid
	sie haben	sie sind

Salutation et prendre congé

Lieu: Hôtel Ritz à Paris
une Allemande P, un Français C

C Bonjour, comment allez-vous. Guten Tag, wie geht es Ihnen (<u>gouou</u>-ten taag vii guéét és <u>ii</u>-nen)?
P Très bien, merci, et vous. Sehr gut, danke, und Ihnen (sèèr gouout <u>dan</u>-ke ound <u>ii</u>-nen)?
C Je m'appelle Coq. Ich heiße Hahn (ich <u>h'aï</u>-se h'aan). Comment vous appelez-vous? Wie heißen Sie (vii <u>haï</u>-sen sii)?
P Je m'appelle Poule. Ich heiße Henne (ich <u>haï</u>-se <u>h'é</u>-ne).
C Enchanté. Sehr erfreut (sèèr èr-<u>froït</u>). Vous êtes *d'où* *Woher* kommen Sie (vo-<u>h'èèr</u> <u>ko</u>-men sii)?
P Je viens de l'Allemagne. Ich komme aus Deutschland (ich <u>ko</u>-me aos <u>doïtsh</u>-land) ... Je suis désolée, mais je dois partir maintenant. Es tut mir leid, aber ich muss jetzt gehen (és touout miir laïd <u>aa</u>-ber ich mous iétst <u>gué</u>-h'en).
C Au revoir, madame Poule, et bon retour en Allemagne. Auf Wiedersehen, Frau Henne und gute Heimfahrt nach Deutschland (aof <u>wiider</u>-sèh'en frao <u>h'é</u>-né ound <u>gouou</u>-te <u>h'aïm</u>-faart nach <u>doïtsh</u>-land).

F <u>Mots' Faux jumeaux'</u>

le gramme	das Gramm (gram)
le gril	der Grill (gril)
le groupe	die Gruppe (<u>grou</u>-pé)
informer	informieren (infor-<u>mii</u>-ren)
intéresser	interessieren (intèrè-<u>sii</u>-rén)
le café	der Kaffee (<u>ka</u>-fée), das Café
le calendre	der Kalender (ka-<u>lén</u>-dèr)
la chapelle	die Kapelle (ka-<u>pèl</u>-é)

La panne / Die Panne

Lieu: Berlin
un touriste T, une passante P, employé E, mécanicien M

T Pardon, où se trouve le garage le plus proche? Entschuldigung, wo befindet sich die **nächste** Werkstatt (ent-<u>shoul</u>-digoungk voo be-<u>fin</u>-det sich dii <u>nèk</u>-ste <u>vèrk</u>-shtat)?

P (en riant / lachend /) Exactement derrière vous .Genau hinter Ihnen (gué-<u>nao</u> h' <u>in</u>-tèr <u>ii</u>-nen).

E Bonjour, qu'est-ce qu'il y a? Guten Tag, was gibt es (<u>gouou</u>-ten taag vaas guibt és)?

T Je suis en panne. Ich habe **eine** Panne (ich <u>h'aa</u>-bé <u>aï</u>-né <u>pa</u>-né). Pourriez-vous vérifier ma voiture? Könnten Sie mein Auto überprüfen (<u>keun</u>-ten sii maïn <u>ao</u>-too ubèr-<u>pruu</u>-fen)? Elle s'est arrêtée et *ne* démarre *plus*. Es hat angehalten und fährt *nicht mehr* (és h'at <u>an</u>-guéh'alten ound fèèrt nicht méér).

E Où s'est-elle arrêtée? Wo hat es angehalten (voo h'at és <u>an</u>-guéh'alten)?

T Exactement devant le garage. Genau vor **der** Werkstatt (gué-<u>nao</u> foor dèèr <u>vèrk</u>-shtat).

E Bravo, c'est une bonne voiture. Bravo, das ist ein **gutes Auto** (<u>bra</u>-voo daas ist aïn <u>gouou</u>-tes <u>ao</u>-too). S'il vous plait la clef de la voiture. Bitte den Autoschlüssel (<u>bi</u>-te déén <u>ao</u>-too-shlu-sel). Pendant que mon mécanicien contrôle la voiture, vous pouvez boire un café. Während mein Mechaniker das Auto kontrolliert, können Sie einen Kaffee trinken (<u>wèè</u>-rend maïn mé-<u>cha</u>-nikèr daas <u>ao</u>-too kontro-<u>liirt</u> <u>keu</u>-nen sii <u>aï</u>-nen <u>ka</u>-féé trinken).

Le mécanicien retourne après 3 minutes. Der Mechaniker kommt nach 3 Minuten zurück.

T Pourquoi est-ce que la voiture *ne* démarre *plus?* Warum springt das Auto *nicht mehr* an (va-<u>roum</u> shpringt daas

<u>ao</u>-too nicht méér an)?
M Devinez un peu. Raten Sie ein wenig (<u>raa</u>-ten sii aïn <u>véé</u>-nigk).
T Le démarreur *ne* fonctionne *pas*? Funktioniert der Anlasser *nicht* (founktsio-<u>niirt</u> dèèr <u>an</u>-laser nicht)?
M Non. Nein (naïn)
T La batterie est à plat? Ist die Batterie leer (ist dii bate-<u>rii</u> lèèr)?
M Non, mais le réservoir d'essence est vide. Nein, aber der Benzintank ist leer (naïn <u>aa</u>-bèr dèèr bén-<u>tsiin</u>-tank ist lèèr).

Q9: nächste quel est le superlatif absolu? **S9**: 25
Q10: eine Panne quel genre, cas? **S10**: 12
Q11: der quel genre, cas? **S11**: 11
Q12: gutes Auto règle? **S12**: 24

F Termes contraires

large / étroit **breit / schmal**, dehors / dedans **draußen / drinnen**, premier / dernier **erster / letzter**, libre / occupé **frei / besetzt**, tôt / tard **früh / spät**, dur / mou **hart / weich,** clair / sombre **hell / dunkel**, chaud / froid **warm / kalt,** ici / là **hier / dort**, haut / bas **hoch / niedrig**, en haut / en bas **hinauf / hinunter**, facile / difficile **leicht / schwierig**, léger / lourd **leicht / schwer**, long / court **lang / kurz**, à gauche / à droite **links / rechts**, bruyant / silencieux **laut / leise,** après / avant **nach / vor**, proche / lointain **nah / fern,** dessus / dessous **darauf / darunter**, ouvert / fermé **offen / geschlossen,** juste / faux **richtig / falsch**, rapide / lent **schnell / langsam,** beau / laid **schön / hässlich**, fort / faible **stark / schwach,** doux / acide **süß / sauer**, noir / blanc **schwarz / weiß.**

Apprenez s.v.p. les mots soulignés de <u>être</u> à <u>heureux</u>.

Cinquième jour

Verbes réguliers

R À l'infinitif les verbes se terminent par **-en** ou **n**, par exemple: lern**en** / apprendre, wander**n** / faire de la marche.
Si on enlève la terminaison de l'infinitif on obtient le radical du verbe: lernen > lern(**en**) > **lern**.

R Le présent de l'indicatif se forme comme suit:
radical du verbe + **terminaisons du présent**.

R Le radical d'un verbe régulier reste inchangé pour tous les sujets et tous les temps.

Conjugaison du présent

Sujet	radical	terminaison
Je / ich	lern	**-e**
Tu / du (douou)	lern	**-st**
Il / er (èèr)	lern	**-t**
Elle / sie (sii)	lern	**-t**
Il / elle/ es (éés)	lern	**-t**
Nous / wir (viir)	lern	**-en**
Vous / ihr (iir)	lern	**-t** (pl du tutoiement)
Ils / elles / sie (sii)	lern	**-en**
Vous / **Sie** (sii)	lern	**-en** (**vuvoiement**, pl et sg)

La 3e personne du sg et la 2e personne du pl sont identiques. La 1re et 3e personne du pl sont identiques.

F Il y a des verbes qui ajoutent après le radical un **e** à la 2e et 3e personne du sg et à la 2e personne du pl **pour faciliter la prononciation**, par exemple:
respirer / atmen: du atm-st > atm-**e**-st
travailler / arbeiten: er arbeit-t > arbeit-**e**-t
baigner / baden: ihr bad-t > bad-**e**-t

Si le radical se termine par s, ss, ß, z, tz il reçoit la terminaison **-t** à la 2e personne du singulier, par exemple: s'appeler / heiß-en: du heißt, être assis / sitz-en: du sitzt.

Si le radical du verbe se termine par **-el** on élide le **e** du radical à la 1re personne du sg et le **e** de la terminaison à la 1re et 3e personne du pl., par exemple:
sourire / lächel-n:
ich lächel-e > läch(e)le > lächl-e
wir, sie lächel-en > lächel-(e)n > lächl-n

F Conjugaison du prétérit

E J'apprenais le français à Paris.
Nicole apprenait l'allemand à Munich.
Ich *lernte* Französisch in Paris.
Nicole *lernte* Deutsch in München.

R On fait la conjugaison comme suit:
radical du verbe + te + terminaisons.

E lern-en / apprendre

ich	*lern*	*te*	
du	lern	te	-st
er / sie / es	*lernt*	*te*	
wir	*lern*	*te*	*-n*
ihr	lern	te	-t
sie	*lern*	*te*	*-n*

R La 1re et la 3e personne du sg et du pl sont *identiques*.

Pour faciliter la prononciation il faut ajouter un **e intercalaire**, par exemple:
ouvrir / öffn-en
ich / er / sie / es öffn te > öffn-**e**-te

Verbes irréguliers

Groupe I

Caractéristique du groupe:
L'infinitif et la 1re e et 3e personne du pl de l'indicatif présent sont *identiques.*

Verbes avec altération vocalique

R La voyelle du radical est modifiée à la 2e et 3e personne du sg: a > **ä**, e > **i** ou **ie**, o > **ö**

Tableau 5. Conjugaison: verbes avec altération vocalique

fahren / aller	*geben* / donner	*lesen* / lire	*stoßen* / pousser
a > **ä**	e > **i**	e > **ie**	o > **ö**
ich fahre	ich gebe	ich lese	ich stoße
du fährst	du gibst	du liest	du stößt
er fährt	er gibt	er liest	er stößt
wir *fahren*	wir *geben*	wir *lesen*	wir *stoßen*
ihr fahrt	ihr gebt	ihr lest	ihr stoßt
sie *fahren*	sie *geben*	sie *lesen*	sie *stoßen*

Verbes de modalité

E Je veux faire un voyage à Munich. Nicole veut faire un voyage á Paris. Ich *will* eine Reise nach München machen. Nicole *will* eine Reise nach Paris machen.

R La 1re et 3e personne du sg sont *identiques*.

R Chaque fois que la 1re et 3e personne du sg sont *identiques* les terminaisons correspondent au mot **stent (-st -en -t).**

Les verbes de modalité sont le plus souvent suivis d'un groupe infinitif. L'infinitif est en position finale.

Conjugaison de l'indicatif présent

vouloir / wollen

ich / er / sie / es	will	
du	will	*-st*
wir / sie	*woll*	*-en*
ihr	woll	*-t*

E J'espère que nous pouvons faire ce que nous savons et voulons et que nous aimons bien ce que nous sommes obligés de faire ou que nous devons faire.
Ich hoffe, dass wir das tun ***dürfen***, was wir tun ***können*** und tun **wollen** und dass wir das ***mögen***, was wir tun ***müssen*** oder tun ***sollen***. (**S15**)

Tableau 6: Conjugaison des verbes de modalité

ich / er / sie / es	darf	kann	mag	muss	soll
du	darf-**st**	kann**st**	mag**st**	muss**t**	soll**st**
wir / sie	dürf-**en**	könn**en**	mög**en**	müss**en**	soll**en**
ihr	dürf-**t**	könn**t**	mög**t**	müss**t**	soll**t**

R Les verbes de modalité peuvent être utilisés sans deuxième verbe quand le contexte est clair.
E Je dois rentrer. Ich muss nach Hause.

F Das Futur / le futur

R Le futur se forme comme suit : **l'auxiliaire werden** au présent + **verbe à l'infinitif** en fin de phrase. (**S 24**)
Le verbe **werden** a une altération vocalique: e > **i**.
Conjugaison de l'indicatif présent: ich werde, du wirst, er / sie / es wird, wir ***werden***, ihr werdet, sie ***werden***.
E J'irai avec Nicole au concert.
Ich **werde** mit Nicole ins Konzert **gehen**.
R Les Allemands utilisent souvent le présent pour se référer au futur, par exemple: Demain nous irons au concert. Morgen gehen wir ins Konzert.

Première rencontre / Erste Begegnung

Devant un hôtel à la Corse. Près de l'entrée deux valises. Une touriste G, un touriste T.

T Ça vous plait ici? Gefällt *es* Ihnen hier (gé-<u>fèlt</u> és <u>ii</u>-nen hiir)?
G Oui, ça *me* plait. Ja, es gefällt *mir* (iaa és gé-<u>fèlt</u> miir).
T Vous êtes d'où? Woher sind Sie (vo-<u>h'èr</u> sind sii)?
G Je viens de *Nice.* Ich komme aus *Nizza* (ich <u>ko</u>-me aos <u>ni</u>-tsa).
T Quelle surprise, moi aussi. Welche Überraschung, ich auch (<u>vél</u>-che uber-<u>ra</u>-shoungk ich aoch). Qu'est-ce que vous faites comme travail? Was machen Sie beruflich (vaas <u>ma</u>-chen sii bé-<u>rouf</u>-lich)?
G Je fais des études. Ich studiere (ich shtou-<u>dii</u>-re).
T Moi aussi. Ich auch (ich aoch). Je m'appelle Tim (ich <u>h'aï</u>-se Tim).
G (en souriant / lächelnd /) Enchantée. Sehr erfreut (sèèr èr-<u>froït</u>).
T Comment vous appelez-vous? Wie heißen Sie (vii <u>h'aï</u>-sen sii)
G Je m'appelle Giselle. Ich heiße Giselle (ich <u>h'aï</u>-se gisèl)
T *Vous avez trouvé* un bon hôtel? *Haben Sie* ein gutes Hotel *gefunden* (<u>h'aa</u>-ben sii aïn <u>gouou</u>-tes h'o-<u>tèl</u> gué-<u>foun</u>-den)?
G Oui, cet hôtel. Ja, dieses Hotel (iaa <u>dii</u>-zes h'o-<u>tèl</u>).
T Je suis aussi dans cet hôtel. Ich bin auch in diesem Hotel (ich bin aoch in <u>die</u>-zem h'o-<u>tèl</u>).Vous êtes *ici* avec la famille? Sind Sie mit der Familie *hier* (sind sii mit dèèr fa-<u>mii</u>-lié hiir)?
G Non, je suis seule. Nein, ich bin allein (naïn ich bin a-<u>laïn</u>)
T Moi aussi. Ich auch (ich aoch). *Je suis arrivé* avant hier *Ich bin* vorgestern *angekommen* (ich bin <u>foor</u>-géstèrn <u>an</u>-guékomen). Vous êtes arrivée *quand? Wann* sind

Sie angekommen (van sind sii <u>an</u>-guékomen)?
G Il y a une semaine. Vor **einer** Woche (foor <u>aï</u>-ner <u>vo</u>-che)
T Vous restez combien de temps? Wie lange bleiben Sie (vii <u>lan</u>-gue <u>blaï</u>-ben sii)?
G Je suis en train de partir. Ich reise gerade ab (ich <u>raï</u>-se gué-<u>raa</u>-de ab). Voilà mes valises. Dort sind meine Koffer (dort sind <u>maï</u>-ne <u>ko</u>-fèr). J'attends le chauffeur de taxi pour *aller* au port Ich warte auf **den** Taxichauffeur, um zum Hafen zu *fahren* (ich <u>var</u>-te aof déén <u>ta</u>-xishofeueur oum tsoum <u>h'aa</u>-fen tsou <u>faa</u>-ren).
T C'est dommage. Das ist schade (das ist <u>shaa</u>-dé). Est-ce qu'on peut se *revoir* à Nice. **Können** wir uns in Nizza w*ieder sehen* (<u>keu</u>-nen viir ouns in <u>ni</u>-tsa <u>vii</u>-der <u>sè</u>-h'en)? On va au cinéma? Gehen wir **ins** Kino (<u>gué</u>-h'en viir ins <u>ki</u>-no)?
G Je *ne* m'intéresse *pas* au cinéma. Ich interessiere mich *nicht* für das Kino (ich intèrè-<u>sii</u>-re mich nicht fuur daas <u>ki</u>-no).
T Ça vous dit d'aller à une discothèque? Haben Sie Lust, in eine Diskothek zu gehen (<u>h'aa</u>-ben sii loust in <u>aï</u>-ne disko-<u>ték</u> tsou <u>gué</u>-hen)?
G Je n'ai pas envie d'aller à une discothèque. Ich habe keine Lust, in eine Diskothek zu gehen (ich <u>h'aa</u>-be <u>kaï</u>-ne loust in <u>aï</u>-ne disko-<u>ték</u> tsou <u>gué</u>-h'en).
T De quoi vous occupez-vous dans votre temps libre? Womit beschäftigen Sie sich in Ihrer Freizeit (vo-<u>mit</u> bé-<u>shèf</u>-tiguen sii sich in <u>ii</u>-rèr <u>fraï</u>-tsaït)?
G Mon hobby est l'opéra. Mein Hobby ist die Oper (maïn <u>h'o</u>-bi ist dii <u>oo</u>-pèr).
T C'est aussi mon hobby. Das ist auch mein Hobby (daas ist aoch maïn <u>h'o</u>-bi).Vous avez du temps *le six septembre?* Haben Sie **am 6. September** Zeit (<u>h'aa</u>-ben sii am <u>sék</u>-sten sép-<u>tém</u>-ber tsaït)?
G Un moment, s'il vous plait. Einen Moment, bitte (<u>aï</u>-nen mo-<u>ment</u> <u>bi</u>-te). Je dois regarder mon *agenda.* Ich muss in meinem *Kalender* nachschauen (ich mous in <u>maï</u>-nem

ka-lén-dèr nach-shaoen). Oui, *le six septembre* je suis libre. Ja, **am** *sechsten September* bin ich frei (iaa am sék-sten sép-tém-ber bin ich fraï).

T (prend son téléphone portable et compose un numéro de téléphone / nimmt sein Handy und wählt eine Telefonnummer): Allo, bonjour, Tim Delorme à l'appareil. Hallo, guten Tag, Tim Delorme am Apparat (h'a-lo gououten taag tim delorm am apa-raat).Est-ce que je pourrais parler à Madame Dupont? Könnte ich mit Frau Dupont sprechen (keun-te ich mit frao dupoo shprè-chen)? Qu'est-ce qu'il y a *le six septembre* à l'opéra? Was wird *am sechsten September* in der Oper gespielt (vaas vird am sék-sten sép-tém-ber in dèèr oo-pèr gué-shpiilt? Oh, une première. Oh, eine Premiere (oo aï-ne preumi-è-re). Qui joue le rôle principal? Wer spielt die Hauptrolle (vèèr shpiilt dii h'aopt-role)? Oh, Plácido Domingo. Il y a encore deux places? Gibt es noch zwei Plätze (guibt és noch tsvaï plè-tsé)? Je voudrais réserver deux places au balcon. Ich möchte zwei Plätze auf dem Balkon reservieren (ich meuch-te tsvaï plè-tsé aof déém bal-koon résèr-vii-ren).

G Qu'est-ce qu'on joue. Was wird gespielt (vaas vird guéshpiilt)?

T 'Otello' de Verdi. 'Otello' von Verdi.

Q13: **einer** Woche genre et cas? **S13**: 12
Q14: **den** Taxifahrer quel cas? **S14**: 11
Q15: **können** quels sont les verbes de modalité? **S15**: 34
Q16: **ins** quel contraction? **S16**: 12
Q17: **am** quelle contraction? **S17**: 12
F Q18: **am 6. September** règle? **S18**: 15

Apprenez s.v.p. les mots de hôpital à maladie.

Sixième jour

Verbes irréguliers: Groupe II

Caractéristique du groupe: **Au prétérit le radical est inchangé pour tous les sujets**.

F Le prétérit des verbes irréguliers

E Sur la Tour Eiffel je donnais un bracelet à Nicole.
   Elle me donnait un baiser.
   Auf dem Eiffelturm *gab* ich Nicole ein Armband.
   Sie *gab* mir einen Kuss.
R La 1. et 3. personne du sg sont *identiques*.
R Le prétérit se forme comme suit:
   radical du verbe au prétérit + *terminaisons -st -en -t*.

Tableau 7: Conjugaison du prétérit

(geben / donner, gehen / aller, raten / conseiller, fahren / aller)

ich / er / sie / es	**gab**	**ging**	**riet**	**fuhr**
du	**gab**-*st*	**ging**-*st*	**riet**-*st*	**fuhr**-*st*
wir, sie	**gab**-*en*	**ging**-*en*	**riet**-*en*	**fuhr**-*en*
ihr	**gab**-*t*	**ging**-*t*	**riet**-*et*	**fuhr**-*t*

F Verbes auxiliaires (sein, haben, werden)

E J'étais heureux sur la Tour Eiffel à cause du baiser.
   Nicole était heureuse à cause du cadeau.
   Ich *war* auf dem Eiffelturm glücklich wegen des Kusses.
   Nicole *war* glücklich wegen des Geschenkes.
R La 1re et 3e personne du sg sont *identiques*.

Tableau 9: Verbes auxiliaires: conjugaison du prétérit

	sein / j'étais	haben / j'avais	werden / je devenais
ich / er / sie / es	**war**	**hatte**	**wurde**
du	**war** -*st*	**hatte**-*st*	**wurde**-*st*
wir, sie	**war**-*en*	**hatt(e)** -*en*	**wurd(e)** -*en*
ihr	**war** -*t*	**hatte** -*t*	**wurde** -*t*

F Le 'Konjunktiv' (conditionnel / subjonctif)

E Je disais à Nicole que j'aimerais bien de faire un voyage à la Côte d'Azur. Elle disait qu'elle aimerait bien ça aussi.
Ich sagte zu Nicole, dass ich eine Reise an die Côte d'Azur machen *möchte*. Sie sagte, dass sie das auch *möchte*.

R On utilise pour le **Konjunktiv** par exemple les **verbes de modalité** (dürfen, können, mögen, müssen, sollen, wollen) et **les verbes auxiliaires** (sein, haben, werden) et **wissen** / savoir. (**S 23**)

La formation du Konjunktiv

Verbe	prétérit du verbe + tréma >	Konjunktiv
dürfen	durfte	dürfte
können	konnte	könnte
mögen	mochte	möchte
müssen	musste	müsste
haben	hatte	hätte
werden	wurde	würde
wissen	wusste	wüsste
Exceptions:		
sein	war	*wäre*
sollen	sollte	*sollte*
wollen	wollte	*wollte*

Conjugaison du Konjunktiv

R La conjugaison se forme comme suit: le **radical du verbe au présent** + *terminaisons -st -en -t.*

Tableau 8: Conjugaison du Konjunktiv

ich / er / sie / es	**möchte**	**könnte**	**würde**
du	**möchte**-*st*	**könnte**-*st*	**würde**-*st*
wir, sie	**möcht(e)**-*en*	**könnt(e)**-*en*	**würd(e)**-*en*
ihr	**möchte**-*t*	**könnte**-*t*	**würde**-*t*

Le **Konjunktiv** peut exprimer:
Un *conseil:* Nicole, tu devrais acheter une nouvelle robe pour le prochain voyage.
Nicole, du *solltest* fur die nächste Reise ein neues Kleid kaufen.
Un *souhait*: J'aimerais bien d'acheter la robe à Paris.
Ich *möchte* das Kleid in Paris kaufen.
Une *demande* polie: (**S 39**)
Est-ce que tu pourrais acheter la robe à Nice?
Könntest du das Kleid in Nizza kaufen?

Das Perfekt / le parfait

Le **Perfekt** correspond au passé composé français.
Formation: présent de l'auxiliaire **haben** ou **sein** + **participe passé du verbe.**

Verbes réguliers

E Nicole m'a embrassé sur la tour Eiffel.
Nicole hat mich auf dem Eiffelturm geküsst.
R Le participe passé se forme le plus souvent comme suit:
ge- + radical de l'infinitif + **-t**
embrasser / küssen: **ge** - küss **-t**
Exception: les verbes en *-ieren* n'ont pas de **ge** et sont toujours réguliers: telefon*ieren* > hat telefoniert.

F Pour faciliter la prononciation on ajoute **e** après le radical: parler / reden > hat ge-red - t > ge- red **-e-** t.

Verbes irréguliers

E J'ai donné un cadeau à Nicole.
Ich habe Nicole ein Geschenk **ge**geb**en**.

R Le participe passé se forme le plus souvent comme suit:
ge- + radical + **-en**
donner / geben: **ge-** geb **-en**

Participe passé avec l'auxiliaire **sein**

E Le matin Nicole s'est réveillée. Am Morgen **ist** Nicole auf**ge**wacht. (1) Puis elle est allée á la salle du bain. Danach **ist** sie in das Bad **ge**gangen (2)

R **On utilise l'auxiliaire 'sein' si le verbe conjugué indiqueun changement d'état (1), de lieu (2) ou un mouvement (2). (S 41)**

R On utilise l'auxiliaire **'sein'** avec les verbes:
werden / devenir, **sein** / être, **bleiben** / rester, **begegnen** rencontrer, **geschehen** / arriver, **passieren** / se passer.

E Moyen mnémotechnique:
Je serai toujours amoureux de Nicole et resterai fidèle à lui. Même si des femmes plus belles me rencontrent rien arrivera ou se passera.
Ich **werde** immer in Nicole verliebt **sein** und ihr treu **bleiben**. Auch wenn mir schönere Frauen **begegnen** wird nichts **geschehen** oder **passieren**.

Participe passé avec l'auxiliaire **haben**

E J'ai ouvert la porte de la salle de bain. Ich **habe** die Tür des Bads **ge**öffnet. (1) Nicole s'est peignée devant le miroir. Nicole **hat sich** vor dem Spiegel **ge**kämmt. (2)

R **On utilise l'auxiliaire 'haben' pour les verbes suivis d'un accusatif (1) et pour les verbes réfléchis. (2)**
(S 27)

Verbes composés

Les verbes composés sont constitués d'un préfixe et d'un verbe (auf - wachen / se réveiller). Un verbe composé est séparable si le préfixe est accentué (auf - wachen) (**S 26**) et *inséparable* si le préfixe n'est pas accentué (*be*trachten / regarder, sich *ver*lieben / tomber amoureux).

Verbes composés séparables
E   Le soir Nicole disait / am Abend sagte Nicole:
   'Je me couche. Ich lege mich hin.' (1) Puis elle s'endormait très vite. Danach schlief sie sehr schnell ein. (2) Le matin elle s'est réveillée. Am Morgen ist sie aufgewacht. (3)
R   Au présent (1) et au prétérit (2) le préfixe (hin, ein) se sépare du verbe et est rejeté en fin de phrase.
   Au participe passé **ge** s'intercale entre le préfixe accentué (auf) et le radical du verbe. (3)

Verbes composés *inséparables*
E   J'ai regardé Nicole et je pensais. Ich habe Nicole *be*trachtet (1) und ich dachte:
   'Je tombais amoureux de cette femme au moment de notre premier rendez-vous. In diese Frau *ver*liebte (2) ich mich bei unserem ersten Rendezvous. Jour après jour je tombe amoureux encore plus. Tag fur Tag *ver*liebe (3) ich mich noch mehr.'
R   Le participe passé ne prend pas de **ge**. (1)
   Le préfixe reste collé au verbe au prétérit (2) et au présent (3).

Il y a seulement 8 préfixes *inséparables*.
Moyen mnémotechnique:
Cerbère (*zer-, be-, er-*) **gémit** (*ge-, miss-*) **en** (*emp-*) **enfer** (*ent-, ver*).
Tous les autres préfixes sont séparables!

F Le passif

R On construit le passif au moyen des verbes auxiliaires **werden** ou **sein** + *participe passé* du verbe rejeté *en fin de phrase* (on peut exprimer l'agent avec von + datif).
Le passif d'action marque une action en cours et se construit avec **werden**.

E La valise est faite (par moi).
Der Koffer **wird** (von mir) *gepackt*.

R **Le passif d'état** indique une action terminée et se construit avec **sein**.

E La valise est faite. Der Koffer **ist** *gepackt*.

Verbes irréguliers

Infinitif	3e pers. sg	Prétérit	Auxiliaire + Pp
gehen / aller	geht	ging	ist gegangen
kommen / venir	kommt	kam	ist gekommen
können / pouvoir	kann	konnte	hat gekonnt
müssen / devoir	muss	musste	hat gemusst
wollen / vouloir	will	wollte	hat gewollt
wissen / savoir	weiß	wusste	hat gewusst

F

bitten / prier	bittet	bat	hat gebeten
bleiben / rester	bleibt	blieb	ist beblieben
bringen / apporter	bringt	brachte	hat gebracht
denken / penser	denkt	dachte	hat gedacht
finden / trouver	findet	fand	hat gefunden
fliegen / voler	fliegt	flog	ist geflogen
haben / avoir	hat	hatte	hat gehabt
kennen / connaître	kennt	kannte	hat gekannt
rennen / courir	rennt	rannte	ist gerannt

F L'impératif / der Imperativ

Formation de l'impératif à l'aide de la conjugaison de l'indicatif présent, par exemple fahren / aller:

conjugaison			impératif
du fährst	> (du) fähr(st)	>	fahr! (1)
wir fahren			fahren wir!
ihr fahrt	> (ihr) fahrt	>	fahrt!
Sie fahren			fahren Sie!

R (1) Les verbes avec un 'Umlaut' (tréma au dessus de la voyelle) le perdent à l'impératif.
Les verbes qui présentent l'altération vocalique **e > i** ou **ie** gardent cette **même altération vocalique à l'impératif**:
donner / geben: du gibst > gib!
lire / lesen: du liest > lies!
On peut utiliser l'infinitif comme *impératif*:
Fermer la porte! Die Tür *schließen*!

Verbes composés séparables
E partir / **los**fahren: partez! Fahren Sie **los**!
R Les préfixes séparables **se placent en bout de phrase**. (**S 44**)

Impératif négatif
E Ne va pas trop vite! Fahr **nicht** zu schnell. (1)
N'allez pas trop vite! Fahren Sie **nicht** zu schnell. (2)
R **'nicht'** se place **derrière le verbe** (1) **ou le pronom** (2).

F Le participe présent

E Voici Nicole et Karl dansant ensemble.
Hier sind Nicole und Karl, gemeinsam tanzen**d**.
R Le participe présent se forme comme suit:
infinitif + **d**: danser / tanzen + **d** > tanzend
La déclinaison : > déclinaison de l'adjectif (tableau 3/4).

Emplois des infinitives

L'infinitive est le plus souvent précédé de 'zu' qui est toujours placé immédiatement devant l'infinitive.

L'infinitive peut être introduite par **um** ... **zu** (pour), **ohne** ... **zu** (sans) et **statt** ... **zu** (au lieu de).

Moyen mnémotechnique:

E Je retiens les exemples pour déduire de ces exemples les règles grammaticales sans faire un effort au lieu d'apprendre les règles grammaticales par cœur avec beaucoup de peine.

Ich merke mir die Beispiele, **um** aus diesen Beispielen die Grammatikregeln <u>ab</u>**zu**leiten (1), **ohne** mir Mühe **zu** machen, **statt** die Grammatikregeln mit viel Mühe auswendig **zu** lernen.

(1) Dans le cas des verbes à <u>préfixes accentués</u> 'zu' s'intercale **entre le préfixe et le verbe**.

L'infinitive n'est pas précédé de 'zu' après les verbes de modalité (**S 21**) et après certains verbes, par exemple laisser / **lassen**, aller / **gehen**, apprendre / **lernen**, voir / **sehen**, écouter / **hören**.

Moyen mnémotechnique:

E Nicole me laisse lire un livre. Elle va jouer au piano à l'école de musique.

Nicole **lässt** mich ein Buch **lesen**. Sie **geht** in die Musikschule Klavier **spielen**.

Nicole apprend jouer au piano. Chaque jour je la vois et je l'écoute jouer au piano. Nicole **lernt** Klavier **spielen**. Jeden Tag **sehe** und **höre** ich sie **spielen**.

F <u>Verbes irréguliers</u>

rufen / appeler	ruft	rief	hat gerufen
schließen / fermer	schließt	schloss	hat geschlossen
schreiben / écrire	schreibt	schrieb	hat geschrieben
steigen / monter	steigt	stieg	ist gestiegen

La position du verbe

Karl K, Nicole N

K Quand viens tu? *Wann* **kommst** du? (1)
N Je ne viens pas demain. Morgen **komme** ich nicht.
   Je viens après-demain. Ich **komme** übermorgen. (2)
R *Après un mot des question* (1) (**S 22**) et dans les propositions indépendantes (2) (**S 20**) **le verbe est en 2e position**.
K Tu as déjà acheté le billet d'avion? **Hast** *du* das Flugticket schon gekauft? (3)
R Dans la phrase interrogative globale le verbe est **en 1re position** (3) *et suivi du sujet*. (**S 19**)
K Téléphone à moi une demie heure avant l'atterrissage! **Telefonier** eine halbe Stunde vor der Landung mit mir! (4)
R Dans la **phrase impérative** le verbe occupe **la 1re position**. (4)
K J'espère que tu as un bon vol. Ich hoffe, *dass* du einen guten Flug **hast**. (5)
R Dans les propositions dépendantes le verbe occupe **la position finale**. (5) Les propositions dépendantes commencent avec une *conjonction* (par exemple que / *dass*, parce que / *weil*, bien que / *obwohl*, si / *ob*).

F Verbes irréguliers

sein / être	ist	war	ist gewesen
trinken / boire	trinkt	trank	hat getrunken
tun / faire	tut	tat	hat getan
verbieten/interdire	verbietet	verbat	hat verboten
verlieren / perdre	verliert	verlor	hat verloren
werden / devenir	wird	wurde	ist geworden

La robe de mariée / Das Hochzeitskleid

Lieu: Une maison de confection à Nice
Giselle G, vendeuse V

V Je peux *vous* aider? **Kann ich** *Ihnen* helfen (kan ich ii-nen h'èl-fen)?
G Je cherche une robe de mariée. **Ich suche** ein Hochzeitskleid (ich souou-che aïn hoch-tsaïtsklaïd).
V Quelle taille? Welche Größe (vél-che greueu-se)?
G Je porte du quarante. Ich trage die Größe vierzig (ich traa-gue dii greueu-se fiir-tsigk).
V Vous pouvez *décrire* la robe que vous désirez? Können Sie das Kleid *beschreiben*, welches Sie wünschen (keunen sii das klaïd be-shraï-ben vél-ches sii vun-shen)?
G Je désire une robe élégante et traditionnelle. Ich wünsche ein elegantes und traditionelles Kleid (ich vun-she aïn élé-gan-tes ound traditsio-nèl-les klaïd).
V De quelle couleur? Welche Farbe (vél-che far-be)?
G Je voudrais une robe blanche. Ich **möchte** ein weißes Kleid (ich meuch-te aïn vaï-ses klaïd).
V Celle-ci est élégante et traditionnelle, n'est-ce pas ? Dieses hier ist elegant und traditionell, nicht wahr (die-zes h'iir ist élé-gant ound traditsio-nèl nicht vaar)?
G Oui, je peux l'essayer? Ja, kann ich es anprobieren (iaa kan ich és an-probiiren)?
V Volontiers. Sehr gern (sèèr guèrn). Voici les cabines d'essayage. Hier sind die Ankleidekabinen (hiir sind dii an-klaïdekabiinen).
G (est debout devant le miroir et regarde son reflet / steht vor dem Spiegel und betrachtet ihr Spiegelbild) Cela me va très bien. Das steht mir sehr gut (daas shtéét miir sèèr gouout). Cette robe est un rêve. Dieses Kleid ist ein Traum (dii-zes klaïd ist aïn traom). Combien coûte ce rêve? Wie viel **kostet** dieser Traum (vii fiil kos-tet

die-zer traom)?
V Deux mille Euro. Zweitausend Euro (tsvaï-tao-zend oï-roo).
G Quel dommage! Wie schade (vii shaa-de)! Je *ne* peux *pas* dépenser plus de mille Euro. Ich kann *nicht* mehr als 1000 Euro ausgeben (ich kan nicht méér als taou-zend oï-roo aos-guèben).
V Une minute, s'il vous plait. Eine Minute, bitte (aï-ne mi-nouou-te bi-te). Je vais téléphoner au *chef de rayon*. **Ich werde** mit dem *Abteilungsleiter* **telefonieren** (ich vèr-de mit déém ab-taï-loungslaïter téléfo-nii-ren).
Après le coup de téléphone. Nach dem Telefongespräch.
Vous pouvez *acheter* la robe pour mille cinq cent Euro. Sie können das Kleid für 1500 Euro *kaufen* (sii keu-nen daas klaïd fuur aïn-tao-zendfunf-h'oun-dèrt oï-roo kaofen).
G D'accord, je *la* prends. Einverstanden, ich nehme *es* (aïn-fèrshtanden ich néé-mé és).

Q19: kann ich règle de la position du verbe? **S19**: 46
Q20: Ich suche règle de la position du verbe? **S20**: 46
Q21: beschreiben pourquoi sans 'zu'? **S21**: 45
Q22: kostet règle de la position du verbe? **S22**: 46
F Q23: möchte pour le Konjunktiv on utilise quels verbes? **S23**: 39
Q24: ich werde ... telefonieren règle? **S24**: 34

F Mots 'Faux jumeaux'

la carotte	die Karotte (ka-ro-té)
la carte	die Karte (kar-té)
le catalogue	der Katalog (kata-loogk)
la cathédrale	die Kathedrale (caté-draa-lé)
le consulat	das Konsulat (kon-sou-laat)

Apprenez s.v.p. les mots de manger à orange.

Septième jour

Pronoms personnels

E Nicole est une Française. Elle aime la haute couture.
   Nicole ist eine Französin. **Sie** liebt die Haute Couture.
R Les **pronoms personnels** remplacent les noms dans la phrase. Cela permet d'éviter de répéter les noms.

Tableau 10: <u>Déclinaison des pronoms personnels</u>

E Je m'informe / ich informiere mich.

nominatif	verbe	pronom réfléchi (accusatif)	**accusatif**
ich	informiere	mich	mich
du (douou)	informierst	dich	dich
er (èèr)	informiert	sich	**ihn** iin
sie (sii)	informiert	sich	**sie**
es (éés)	informiert	sich	**es**
Wir (viir)	informieren	uns ouns	uns
ihr (iir)	informiert	euch oïch	euch
sie (sii)	informieren	sich	**sie**

Sie / vous: vouvoiement. Je vous rencontre. Ich treffe **Sie** (sg et pl).

Déclinaison du pronom **accusatif**: Modifiez la déclinaison du pronom réfléchi accusatif comme suit: Remplacez 'sich' (sg) par **ihn, sie, es** et 'sich' (pl) par **sie**.

R Quand il y a deux pronoms personnels, le **complément direct** vient avant le *complément indirect*, par exemple:
   Tu me le donnes. Du gibst **es** *mir*. (**S 34**)
Quand le verbe réfléchi nécessite un objet à l'accusatif le pronom réfléchi change à la première et deuxième pers.:
mich > **mir** (miir) dich > **dir** (diir).

E Je me lave les mains. Ich wasche **mir** die Hände.
   Tu te laves les mains. Du wäscht **dir** die Hände.

nominatif	verbe	pronom réfléchi (datif)	**datif**
ich	wasche	mir	mir
du	wäscht	dir	dir
er	wäscht	sich	**ihm** iim
sie	wäscht	sich	**ihr**
es	wäscht	sich	**ihm**
wir	waschen	uns	uns
ihr	wascht	euch	euch
sie	waschen	sich	**ihnen** iinen

Ihnen / vous: vouvoiement. Je vous dis. Ich sage **Ihnen** (sg et pl).

Déclinaison du pronom datif: Modifiez la déclinaison du pronom réfléchi datif comme suit: Remplacez 'sich' (sg) par **ihm, ihr** et 'sich' (pl) par **ihnen**.

La négation

La négation s'exprime:

1. À l'aide de la parole **nein** (non).

E Tu parles allemand? Non. Sprichst du Deutsch? Nein.

2. À l'aide de l'adverbe **nicht** (non / ne ... pas). (**S 33**)

E Je parle espagnol. Ich spreche Spanisch. Moi non. Ich **nicht**. Je ne parle pas espagnol. Ich spreche **nicht** Spanisch.

Je **ne** vois **plus** R. Ich sehe R **nicht mehr**.

Je **ne** vois **jamais** R. Ich sehe R **nie**. Je ne vois **ni** R **ni** sa famille. Ich sehe **weder** R **noch** seine Familie.

Je **ne** vois **personne**. Ich sehe **niemand**.

Je **ne** vois **rien**. Ich sehe **nichts**.

Pour la négation 'pas de' on utilise **kein** (m, n) **keine** (f) avant le substantif, par exemple: Pas de femme est plus belle que Nicole. **Keine** Frau ist schöner als Nicole.

R On décline kein au sg comme suit: **k + déclinaison de ein, eine** (> tableau 2, p.12).

La déclinaison au pluriel: (> pl tableau 4, p. 26)
N keine A keine D keinen G keiner

Le voyage de noces / *Die Hochzeitsreise*

Lieu: L'aéroport de Nice
Giselle G, Tim T, employé E

T À quelle heure part le vol charter pour Paris? Um wieviel Uhr startet der **Charterflug** nach Paris (oum vii fiil ouour <u>shtar</u>-tet dèèr <u>tshar</u>-tèrflououg naach pa-<u>ris</u>)?

E Vous avez encore un peu de temps. Sie haben noch ein wenig Zeit (sii h'<u>aa</u>-ben noch aïn <u>véé</u>-nigk tsaït). Le départ est *à neuf heures et demie*. Der Start ist um neun Uhr (dèèr shtart ist oum noïn ouour).

G À quelle heure arrive l'avion? Um wie viel Uhr **kommt** das Flugzeug **an** (oum vii fiil ouour komt daas <u>flououg</u>-tsoïgk an)?

E Si l'avion part *à l'heure*, l'arrivée est vers dix heures. Wenn das Flugzeug *pünktlich* startet, ist die Ankunft gegen 10 Uhr (vén daas <u>flououg</u>-tsoïgk <u>punkt</u>-lich <u>shtar</u>-tet ist dii <u>an</u>-kounft <u>géé</u>-guen zéén ouour). C'est la première *fois* que vous allez à Paris? Fahren Sie zum ersten *Mal* nach Paris (<u>faa</u>-ren sii tsoum <u>éérs</u>-ten maal naach pa-<u>ris</u>)?

G Oui, c'est notre voyage de noces Ja, das ist unsere Hochzeitsreise (iaa daas ist <u>oun</u>-sère h'<u>och</u>-tsaïtsraïse).

E Félicitations pour le mariage. Glückwünsche zur Hochzeit (<u>gluk</u>-vunshe tsouour h'<u>och</u>-tsaït). Vous avez *trouvé* un bon hôtel? **Haben** Sie ein gutes Hotel gefunden (h'<u>aa</u>-ben sii aïn <u>gouou</u>-tes h'o-<u>tèl</u> ghé-<u>foun</u>-den)?

T Oui, près de la cathédrale *Notre Dame* au *Quartier Latin* Ja, bei der Kathedrale *Notre-Dame* im *Quartier latin* (iaa baï dèèr katé-<u>draa</u>-le).

E J'ai *vécu* dans ce quartier *de* 1988 *à* 1996. Ich habe in diesem Viertel *von* 1988 *bis* 1996 *gelebt* (ich h'<u>aa</u>-be in <u>dii</u>-zem <u>fiir</u>-tel fon noïnzéénh'oundertachtoundachttsigk bis noïntséénh'oundertséksoundnoïntsigk gé-<u>lèbt</u>).

Chaque fois que je pense à Paris j'éprouve une grande nostalgie de cette belle ville. Jedes Mal, wenn ich an Paris denke, fühle ich ein großes Heimweh nach dieser schönen Stadt (<u>iéé</u>-des maal vén ich an pa-<u>ris</u> <u>dén</u>-ke <u>fuu</u>-le ich aïn <u>groo</u>-ses <u>h'aïm</u>-véé nach <u>dii</u>-zèr <u>sheueu</u>-nen shtat).

G Qu'est-ce qui vous a impressionné *le plus* à Paris? Was hat Sie in Paris ***am meisten*** beeindruck*t* (vaas hat sii in pa-<u>ris</u> am <u>maï</u>-sten be-<u>aïn</u>-droukt)?

E C'est une demande difficile.Das ist eine schwierige Frage (daas ist <u>aï</u>-ne <u>shvii</u>-rigue <u>fraa</u>-gue). Peut-être la vue sur la *Seine* sous les ponts de Paris ou bien la vue de mon apartement sur le ciel bleu au dessus des toits de Paris. Vielleicht der Blick auf die *Seine* unter **den** Brücken von Paris oder die Aussicht von meiner Wohnung auf den **blauen** Himmel über den Dächern von Paris (fi-<u>laïcht</u> dèèr blik aof dii sèèn <u>oun</u>-tèr déén <u>bru</u>-ken fon pa-<u>ris</u> <u>oo</u>-dèr dii <u>aous</u>-sicht fon <u>maï</u>-nèr <u>voo</u>-noungk aof déém <u>blao</u>-en <u>h'i</u>-mel <u>uu</u>-bèr déén <u>dè</u>-chèrn fon pa-<u>ris</u>). Peut-être ce soir-là sur la *place de la concorde,* quand le soleil rouge se couchait derrière la *tour Eiffel.* Vielleicht jener Abend auf dem *Concorde Platz*, als die rote Sonne hinter dem *Eiffelturm* unterging (fi-<u>laïcht</u> <u>iee</u>-ner <u>aa</u>-bend aof déém *Concorde* plats als dii <u>roo</u>-te <u>so</u>-ne <u>h'in</u>-ter déém <u>aï</u>-feltourm <u>oun</u>-tèrguingk). Peut-être cette nuit-là, quand j'ai regardé l'océan de lumières de la ville du restaurant le plus haut de la tour Eiffel. Vielleicht jene Nacht, als ich das Lichtermeer der Stadt **vom** höchsten Restaurant des Eiffelturms betrachtet habe (fi-<u>laïcht</u> <u>iee</u>-ne nacht als ich daas <u>lich</u>-tèrméér dèèr shtat fom <u>h'euk</u>-sten rèstoorannt dés <u>aï</u>-feltourms bé-<u>trach</u>-tet <u>h'aa</u>-be). Peut-être la beauté séduisante des danseuses du *Lido* et du *Moulin Rouge*. Vielleicht die verführerische Schönheit der Tänzerinnen des *Lido* und des *Moulin Rouge* (fi-<u>laïcht</u> dii fèr-<u>fuu</u>-rèrishe <u>sheueun</u>-h'aït dèèr <u>tèn</u>-tserinen dés *Lido* ound dés *Moulin Rouge*). Peut-être ce matin-là, quand j'ai vu devant l'église *Sacré-Cœur* après une nuit blanche le lever du soleil rosé. Vielleicht jener Morgen, als ich vor der Kirche *Sacré-Coeur* nach **einer** schlaflosen Nacht den Aufgang der rosigen Sonne gesehen habe (fi-<u>laïcht</u> <u>iee</u>-ner <u>mor</u>-guen als ich foor dèèr <u>kir</u>-che *Sacré-Cœur* naach <u>aï</u>-ner <u>shlaaf</u>-loosen nacht dén <u>aof</u>-gangk dèèr <u>roo</u>-ziguen <u>so</u>-ne gué-<u>sè</u>-h'en <u>h'aa</u>-be). Qu'est-ce qui m'a impressionné *le plus?* Was hat mich *am meisten* beeindruckt (vaas h'at mich am <u>maï</u>-sten be-<u>aïn</u>-droukt)? Je *ne* le sais *pas*. Ich weiß *es **nicht*** (ich vaïs és nicht). Mais je sais que vous serez très heureux pendant ce voyage, parce que Paris est la ville parfaite pour s'ai mer et pour cela le lieu idéal pour un voyage de noces. Aber ich weiß, dass Sie während dieser Reise sehr glücklich sein werden, weil Paris die perfekte Stadt ist, um sich zu lieben und deshalb der ideale Ort für eine Hochzeitsreise (<u>aa</u>-bèr ich vaïs das sii <u>vèè</u>-rend <u>dii</u>-zèr <u>raï</u>-se sèèr <u>gluk</u>-lich saïn <u>ver</u>-den vaïl pa-<u>ris</u> dii pèr-<u>fèk</u>- te shtat ist oum sich tsou <u>lii</u>-ben ound <u>dés</u>-h'alb dèèr idé-<u>a</u>-le ort fuur <u>aï</u>-ne <u>h'och</u>-tsaïtsraïse).

T Nous avons besoin des cartes d'embarquement. Wir brauchen die Bordkarten (viir <u>brao</u>-chen dii <u>bord</u>-karten)
E Je vous les donne. Ich gebe **sie Ihnen** (ich <u>guèè</u>-be sii <u>ii</u>-nen). Saluez Paris de ma part. Grüßen Sie Paris von mir (<u>gruu</u>-sen sii pa-<u>ris</u> fon miir).

Q25: Charterflug sorte de nom? **S25**:20 **Q26: kommt an** pourquoi ankommen est séparable? **S26**: 42 **Q27: haben** au Perfekt on utilise haben pour quels verbes? **S27**: 41 **Q28: am meisten** superlatif irrégulier du mot? **S28**: 25 **Q29: den** quel cas? **S29**: 11 **Q30: blauen** règle? **S30**: 25 **Q31: vom** quel contraction? **S31**: 12 **Q32: einer** règle de la déclinaison de l'article indéfini? **S32**: 12 **Q33: nicht** expression de la négation? **S33**: 50 **Q34: sie Ihnen** règle? **S34**: 49

Apprenez s.v.p. les mots de <u>ouvrir</u> à <u>porte</u>.

Huitième jour

L'adjectif possessif

	m/n **sg**	f	**pl**
	mon mein	ma *meine*	mes *meine*
	ton dein	ta *deine*	tes *deine*
possesseur m	son **sein**	sa *seine*	ses *seine*
possesseur f	son **ihr**	sa *ihre*	ses *ihre*
possesseur n	son **sein**	sa *seine*	ses *seine*
	notre unser	notre *unsere*	nos *unsere*
	votre euer	votre *eure*	vos *eure* (1)
	leur ihr	leur *ihre*	leurs *ihre*
formule de politesse	votre Ihr	votre *Ihre*	vos *Ihre*

R Les adjectifs possessifs en genre féminin et au pl sont *identiques*. (**S 35**)
Le pronom euer perd le e quand on lui ajoute une terminaison:
E euer Vater, euere > eure Mutter > eure Brüder (1)
R En allemand la forme de l'adjectif possessif dépend du **genre du possesseur**.
E Er hat **sein** Auto geparkt. Il a garé sa voiture.
Sie hat **ihr** Auto geparkt. Elle a garé sa voiture.

F <u>Mots 'Faux jumeaux'</u>

la côtelette	das Kotelett (kote-<u>lèt</u>)
la cravate	die Krawatte (kra-<u>va</u>-té)
la culture	die Kultur (koul-<u>touour</u>)
le cours	der Kurs (kours)
la liqueur	der Likör (li-<u>keueur</u>)
le litre	der Liter (<u>li</u>-ter)
le maïs	der Mais (maïs)

La déclinaison de l'adjectif possessif

Tableau 11: <u>Déclinaison de l'adjectif possessif</u>

	N	A	D	G
m	<u>mein</u>	mein(d)*en*	mein(d)*em*	mein(d)*es*
n	*mein*	*mein*	mein(d)*em*	mein(d)*es*
f	*meine*	*meine*	mein(d)*er*	mein(d)*er*
pl	*meine*	*meine*	mein(d)*en*	mein(d)*er*

Comme la déclinaison de l'article indéfini (p.12) la déclinaison de l'adjectif possessif se forme avec **les 2 dernières lettres de l'article défini.**
Règle: l'adjectif possessif + les 2 dernières lettres de l'article défini. (S 37)
Exceptions: les adjectifs possessifs <u>soulignés</u>.
Moyen mnémotechnique:
Mon père pense: en regardant un miroir mon enfant voit mon enfant, ma femme voit ma femme, mes parents voient mes parents.
<u>Mein</u> Vater denkt: einen Spiegel betrachtend sieht *mein* Kind *mein* Kind, sieht *meine* Frau *meine* Frau, sehen *meine* Eltern *meine* Eltern.

F <u>Pronoms possessifs</u>

A: Voici ma mère. Hier ist *meine* Mutter.
B: Voici la mienne. Hier ist *meine*.
A: Voici mes frères, enfants, sœurs. Hier sind *meine* Brüder, Kinder, Schwestern.
B: Voici les miens / les miennes. Hier sind *meine*.
R En genre féminin et au pluriel (m / n / f) les adjectifs possessifs et les pronoms possessifs sont *identiques*.

A: Voici mon père. Hier ist mein Vater.
B: Voici le mien. Hier ist mein**er**.
R L'adjectif possessif masculin + **er** > le pronom possessif masculin, par exemple: mein + **er** > mein**er**.
A: Voici mon enfant. Hier ist mein Kind.
B: Voici le mien. Hier ist mein**es**.
R L'adjectif possessif neutre + **-es** > le pronom possessif neutre, par exemple: mein + **es** > mein**es**.

On utilise les pronoms possessifs aussi avec l'article défini: der meine, das meine, die meine, pl die meinen (déclinaison > tableau 3: déclinaison avec l'article défini p. 25).

F Tableau 12: <u>Les pronoms possessifs</u>

m	f	n	pl
le mien	la mienne	le/la mien/ne	les miens/miennes
mein**er**	*meine*	mein**es**	*meine* (m / n / f)
le tien	la tienne	le/la tien/ne	les tiens / tiennes
dein**er**	*deine*	dein**es**	*deine*
le sien	la sienne	le/la sein/ne	les siens / siennes
m: sein**er**	*seine*	sein**es**	*seine*
f: ihr**er**	*ihre*	ihr**es**	*ihre*
n: sein**er**	*seine*	sein**es**	*seine*
le nôtre	la nôtre	le/la nôtre	les nôtres
unser**er**	*unsere*	unser**es**	*unsere*
le vôtre	la vôtre	le/la vôtre	les vôtres
eur**er**	*eure*	eur**es**	*eure*
le leur	la leur	le/la leur	les leurs
ihr**er**	*ihre*	ihr**es**	*ihre*
Ihr**er**	*Ihre*	Ihr**es**	*Ihre* (vouvoiement)

Le pronom et l'adjectif démonstratifs

A Ce garçon est ton fils? Ist ***dieser*** Junge dein Sohn?
B Non, celui. Nein, ***dieser***.

A Cet enfant est ton enfant? Ist *dieses* Kind dein Kind?
B Non, celui. Nein, *dieses*.
A Cette femme est ta femme? Ist *diese* Frau deine Frau?
B Non, celle. Nein, *diese*.
A Ces femmes sont tes soeurs? Sind *diese* Frauen deine Schwestern?
B Non, celles. Nein, *diese*.
R **En allemand l'adjectif et le pronom démonstratifs sont *identiques*.**
Ce, celui: dieser (m), dieses (n)
Cette, celle: diese (f), dieses (n)
Ces, ceux, celles: diese
R On peut utiliser les articles **der, die, das** comme pronom démonstratif. (**S 40**)
E C'est un vin qui vient de la France; celui-là est très bon. Das ist ein Wein, der aus Frankreich kommt; **der** ist sehr gut.

Tableau 13: Déclinaison des adjectifs démonstratifs

	N	A	D	G
m	diese**r**	diesen	diesem	dieses
n	dieses	dieses	diesem	dieses
f	*diese*	*diese*	dieser	dieser
pl	*diese*	*diese*	diese**n**	dieser

R On décline les adjectifs démonstratifs comme suit:
diese + la dernière lettre de l'article défini. (S 36)
<u>Exceptions</u>: les adjectifs <u>soulignés</u> qui sont *identiques*.
Moyen mnémotechnique:
Ce père pense: en regardant ce miroir cette femme voit cette femme, ces femmes voient ces femmes.
Dieser Vater denkt: diesen Spiegel betrachtend sieht *diese* Frau *diese* Frau, sehen *diese* Frauen *diese* Frauen.
R La terminaison -**er** (dies**er**) indique le genre **masculin**, la terminaison -**es** (dies**es**) indique le genre **neutre**.

F Le pronom relatif

Tableau 14: Déclinaison des pronoms relatifs

	N	A	D	G
m	der	den	dem	des-**sen**
n	das	das	dem	des-**sen**
f	die	die	der	der-**en**
pl	die	die	den-**en**	der-**en**

R On décline le pronom relatif comme l'article défini
   (**S38**) (> tableau 1, p.11).
   Exceptions: Le pronom reçoit la terminaison -**sen**
   (G m,n) et -**en** (G f et pl, D pl).

Moyen mnémotechnique:
Je rencontre monsieur Dupuis que je connais et dont l'amie et dont l'ami et dont les frères et dont les amis avec lesquels nous faisons une fête.
Ich treffe Herr Dupuis, den ich kenne und des-**sen** Freundin und de-**ren** Freund und des-**sen** Brüder und de-**ren** Freunde, mit den-**en** wir ein Fest feiern.

F Pronoms et adjectifs interrogatifs

R On décline les **pronoms interrogatifs** comme les pronoms relatifs en remplaçant **d** par **w**. (S 43)

	N	A	D	G
m	d**er**/*wer*	d**en**/wen	d**em**/wem	d**essen** /wessen
n	d**as**/*was*		d**as**/ was	

Les pronoms interrogatifs *wer* et *was* sont *aussi utilisés* comme **pronoms relatifs**, par exemple:
Qui boit beaucoup d'alcool ne peut plus conduire la voiture.
Wer viel Alkohol trinkt, darf nicht mehr Auto fahren.
C'est ce que j'ai cherché. Das ist das, ***was*** ich gesucht habe.

Tableau 15: Déclinaison des adjectifs interrogatifs

	N	A	D
m	welcher	welchen	welchem
n	welches	welches	welchem
f	*welche*	*welche*	welcher
pl	*welche*	*welche*	welchen

Comme la déclinaison de l'adjectif démonstratif diese/r/s (p. 56) la déclinaison de l'adjectif interrogatif se forme avec **la dernière lettre de l'article défini**.

R **welche + la dernière lettre de l'article défini (S42)**

Exception: les adjectifs <u>soulignés</u> qui sont *identiques*.

Moyen mnémotechnique:

Quelle femme voit quelle femme, quelles femmes voient quelles femmes en regardant le miroir?
Welche Frau sieht *welche* Frau, *welche* Frauen sehen *welche* Frauen den Spiegel betrachtend?

R La terminaison -**er** (welch**er**) indique le genre **masculin**, la terminaison -**es** (welch**es**) indique le genre **neutre**.

Moyen mnémotechnique:

Welch**er** Mann ist schön? Dies**er** Mann ist ein schön**er** Mann. Welch**es** Mädchen ist schön? Dies**es** Mädchen ist ein schön**es** Mädchen.

R Les adjectifs interrogatifs sont utilisés aussi comme **pronoms relatifs**, par exemple: L'homme qui voit une belle femme. Der Mann, **welcher** eine schöne Frau sieht.

F La fréquence / die Häufigkeit

jamais	niemals (<u>nii</u>-mals)
parfois	manchmal (<u>manch</u>-maal)
souvent	oft (oft)
pour la plupart	meistens (<u>maï</u>-sténs)
toujours	immer (<u>i</u>-mer)

F Questions et expressions

qui / wer (vèèr) / est le guide / ist der Reiseführer / die Reiseführerin (raï-sefuurèr/in), a qui je peux m'adresser / an wen kann ich mich wenden (an véén kan ich mich vén-den)?

qu'est-ce qui /qu'est-ce que was (vaas) qu'est-ce qu'il y a was gibt es (guibt és), qu'est-ce que c'est / was ist das (ist daas), qu'est-ce que vous faites comme travail / was machen Sie beruflich (ma-chen sii be-rououf-lich)?

quand / wann (van) / **à quelle heure / um wie viel Uhr** (oum vii viil ouour) **ouvre /** öffnet (euf-net), **ferme /** schließt (shliist), **commence /** beginnt (bé-guint), **se termine** / endet (én-det) **part** / fährt ... ab (fèèrt ab), **arrive** / kommt ... an (komt an), est le / la prochain (e) / ist der / die / das nächste (ist dèèr dii daas nèk-ste)?

où / wo (voo) est ... le / la plus proche / ist der / die / das nächste ... , a lieu / findet statt (fin-det shtat), est-ce que je peux trouver / acheter / kann ich finden / kaufen (kan ich fin-den kao-fen) est-ce qu'on se rencontre / treffen wir uns (trè-fen viir ouns)?

comment / wie (vii) ça va / geht es (géét és), est-ce que je peux aller à / komme ich nach (ko-me ich nach), à quelle distance se trouve ... / wie weit ist es nach ... (vii vaït ist és nach), combien dure / wie lange dauert (vii langue dao-èrt), ça coûte combien par jour / par personne / wie viel kostet es pro Tag / pro Person (vii fiil kos-tet és pro taag pro pèr-soon) ?

quel/le est / welche/r/s / l'indicatif / welche Vorwahl (vél-che foor-vaal), le numéro de téléphone / welche Telefonnummer (vél-che télé-foon-noumer), le tarif / welche Gebühr (vél-che gué-buur), le voltage / welche Spannung (vél-che shpan-oungk), quelles sont les prévisons météo / welche Wettervorhersage gibt es (vél-che vè-tèrfoor-h'èèr-saagué guibt és), le jour de marché / an welchem Tag ist Markt (an vél-chem taag ist markt)?

Arrivée à l'hôtel / Ankunft im Hotel

Lieu: Un hôtel à Munich
Tim T, Giselle G, leur fille Nina N, hôtelier H

T Bonsoir, je m'appelle Tim Delorme. Guten Abend, ich heiße Tim Delorme (<u>gouou</u>-ten <u>aa</u>-bend ich <u>h'aï</u> -se).
H Enchanté. Sehr erfreut (sèèr èr-<u>froït</u>).
T Nous avons besoin d'une chambre double et d'une chambre individuelle pour notre fille. Wir benötigen ein Doppelzimmer und ein Einzelzimmer für **unsere** Tochter (viir be-<u>neueu</u>-tiguen aïn <u>do</u>-peltsimer ound aïn <u>aïn</u>-tseltsimer fuur <u>oun</u>-sere <u>toch</u>-ter).
H Combien de temps restez-vous? Wie lange bleiben Sie (vii <u>lan</u>-gue <u>blaï</u>-ben sii)?
T Une semaine Eine Woche (<u>aï</u>-ne <u>vo</u>-che).
H Vous avez de la chance. Sie haben Glück (sii <u>h'aa</u>-ben gluk).Bien que nous avons la pleine saison il y a encore quelques chambres libres. Obwohl wir uns in der Hauptsaison befinden, gibt es noch einige freie Zimmer (ob-<u>vool</u> viir ouns in dèèr <u>h'aopt</u>-sèsoo be-<u>fin</u>-den guibt és noch <u>aï</u>-nigue <u>fraï</u>-e <u>tsi</u>-mer). Il y a deux chambres avec salle de bain, balcon et vue sur la mer Es gibt zwei Zimmer mit Bad, Balkon und Sicht auf das Meer (és guibt tsvaï <u>tsi</u>-mer mit baad bal-<u>koon</u> ound sicht aof daas méér).
G Combien coûtent une nuit avec petit déjeuner, la demi-pension et la pension complète? Wie viel kosten eine Übernachtung mit Frühstück, Halbpension und Vollpension (vii viil <u>kos</u>-ten <u>aï</u>-ne ubèr-<u>nach</u>-tungk mit <u>fruu</u>shtuk <u>h'alb</u>-pension ound <u>fol</u>-pension)?
H Voici la liste des prix. Hier ist die Preisliste (hiir ist dii <u>praïz</u>-liste).
G C'est trop cher. Das ist zu teuer (daas ist tsou <u>toï</u>-er Vous avez des chambres moins chères? Haben Sie billigere Zimmer (<u>h'aa</u>-ben sii <u>bi</u>-liguère <u>tsi</u>-mer)?

H Nous avons deux chambres avec douche et vue sur les montagnes. Wir haben zwei Zimmer mit Dusche und Blick auf die Berge (viir h'<u>aa</u>-ben tsvaï <u>tsi</u>-mer mit <u>dou</u>-shé ound blik aof dii <u>bèr</u>-gué).

G Est-ce que nous pouvons voir les chambres? **Können** wir die Zimmer sehen (<u>keun</u>-en viir dii <u>tsi</u>-mer <u>sè</u>-h'en)?

H Volontiers. Sehr gern (sèèr guèrn) Les chambres sont au troisième étage. Die Zimmer sind im dritten Stock (dii <u>tsi</u>-mer sind im <u>dri</u>-ten shtok). Voici l'ascenseur. Hier ist der Aufzug (hiir ist dèèr <u>aof</u>-tsouougk).

Nach der Besichtigung. Après la visite.

G D'accord, nous prenons les chambres. Einverstanden, wir nehmen die Zimmer (<u>aïn</u>-fèrstanden viir <u>néé</u>-men dii <u>tsi</u>-mer).

H Je vous prie de remplir ce formulaire. Füllen Sie bitte **dieses** Formular aus (<u>fu</u>-len sii <u>bi</u>-te <u>dii</u>-zes formou-<u>laar</u> aos). Une signature ici, s'il vous plait. Bitte hier eine Unterschrift (<u>bi</u>-te hiir <u>aï</u>-ne <u>oun</u>-tershrift).

T Il y a quelqu'un, qui peut monter les valises? Gibt es jemand, **der** die Koffer hinauftragen kann (guibt és <u>iéé</u>-mand dèèr dii <u>ko</u>-fèr h'i-<u>naof</u>-traaguen kan)?

H J'appelle un garçon . Ich rufe einen Kellner (ich <u>rouou</u>-fe <u>aï</u>-nen <u>kèl</u>-ner). Voici les clefs. Hier sind die Schlüssel (h'iir sind dii <u>shlu</u>-sel).

G À quelle heure servez-vous le petit-déjeuner? Um wie viel Uhr servieren Sie das Frühstück (oum <u>vii</u> fiil ouour sèr-<u>vii</u>-ren sii daas <u>fruu</u>-shtuk?

H De sept à dix heures. Von 7 bis 10 Uhr (fon <u>sii</u>-ben bis tséén ouour). Le restaurant est au fond du couloir. Das Restaurant ist am Flurende (daas rèstoorannt ist am flouour -<u>én</u>-de).

T Pourriez-vous nous réveiller à huit heures? Könnten Sie uns um acht Uhr wecken (<u>keun</u>-ten sii ouns oum acht ouour <u>vé</u>-ken)?

H Volontiers. Sehr gern (sèèr guèrn) Bonne nuit! Gute Nacht (<u>gouou</u>-te nacht)!

Après *une belle semaine. Nach einer schönen Woche.*
T Nous partons aujourd'hui. Wir reisen heute ab (viir raï-sen h'oï-te ab). À quelle heure devons nous libérer les chambres. Bis wann müssen wir die Zimmer räumen (bis van mu-sen viir dii tsi-mer roï-men)?
H Jusqu'á dix heures. Bis um zehn Uhr (bis oum tséén ouour).
T Pourriez-vous préparer ma note, s'il vous plait. Könnten Sie bitte **meine** Rechnung vorbereiten (keun-ten sii bi - té maï-ne rèch-noungk for-beraïten).
H La note est prête. Die Rechnung ist fertig (dii rèch-noungk ist fèr-tigk).
T Au revoir, c'était un séjour très agréable. Auf Wiedersehen, **das** war ein sehr angenehmer Aufenthalt (aof vii-dèrsèh'en daas waar aïn sèèr an-guénéémer aof-enth'alt).
G C'était une semaine merveilleuse Das war eine wunderbare Woche (daas vaar aï-ne voun-dèrbaare vo-che).
N Salut, c'était formidable. Tschüß, es war klasse (tshus és vaar kla-se).
H Ravi d'avoir fait votre connaissance. Es war mir ein Vernügen, Sie kennen zu lernen (és vaar miir aïn fèr-gnuuguen sii ké-nen tsou lèr-nen). J'espère vous revoir l'année prochaine. Ich hoffe, Sie nächstes Jahr wieder zu sehen (ich h'o-fe sii nèk-stes iaar vii-der tsou sè-h'en). Bon retour. Gute Heimreise (gouou-te h'aïm-raïse).

Q35: unsere identique avec quel autre adjectif possessif? **S35**: 54 **Q36: dieses** règle de la déclinaison del'adjectif démonstratif? **S36**: 57 **Q37: meine** comment on décline l'adjectif possessif **S37**: 55
F **Q38: der** comment ondécline les pronoms relatifs? **S38**: 58 **Q39: könnten** le Konjunktiv exprime quoi? **S 39**: 40 **Q40**: on utilise **das** comme quel pronom? **S40**: 57
Apprenez s.v.p. les mots de portion à riz.

Neuvième jour

F L'espace / der Raum

à travers	**durch** (dourch)
à l'intérieur de	**innerhalb** (<u>i</u>-nerh'alb)
hors de	**außerhalb** (<u>ao</u>-sèrh'alb)
devant	**vor** (foor)
derrière	**hinter** (h'<u>in</u>-tèr)
à côté de	**neben** (<u>nèè</u>-ben)
près de	**in der Nähe** (in dèèr <u>nèè</u>-h'e)
en face de	**gegenüber** (guéguen-<u>uu</u>-bèr)

F L'arrivée / die Ankunft

Je suis arrivé ...	**Ich bin angekommen ...**
il y a sept jours	vor sieben Tagen (foor <u>sii</u>-ben <u>taa</u>-guen)
avant hier	vorgestern (<u>foor</u>-guéstern)
hier	gestern (<u>gué</u>-stern)
aujourd'hui	heute (h'<u>oï</u>-te)

Je viens d'arriver. Ich bin gerade angekommen (ich bin gué-<u>raa</u>-de <u>an</u>-guékomen).

F Le départ / die Abreise

Je vais partir. Ich werde gleich abreisen (ich vèrde glaïch <u>ab</u>-raïsen).

Je suis en train de partir. Ich reise gerade ab (ich <u>raï</u>-se gué-<u>raa</u>-dé ab).

je pars ...	**Ich reise ab ...**
tout de suite	sofort (so-<u>fort</u>)
dans deux heures	in zwei Stunden (in tsvaï <u>shtoun</u>-den)
ce matin	heute Vormittag (h'<u>oï</u>-te <u>foor</u>-mitaag)
cet après-midi	heute Nachmittag (h'<u>oï</u>-te <u>nach</u>-mitaag)
ce soir	heute Abend (h'<u>oï</u>-te <u>aa</u>-bend)
cette nuit	heute Nacht (h'<u>oï</u>-te nacht)
demain	morgen (<u>mor</u>-guen)

Au restaurant / Im Restaurant

Lieu: Restaurant à Munich
Giselle G, Tim T, Nina N, serveuse S

T Bonjour. Guten Tag (<u>gouou</u>-ten taag). Désolé d'etre en retard. Ich bedauere die Verspätung (ich be-<u>dao</u>-ere dii fer-<u>shpèè</u>-toungk).
S Cela *ne* fait *rien.* Das macht *nichts* (daas macht nichts).
T Mon nom est Tim Delorme. Mein Name ist Tim Delorme (maïn <u>naa</u>-me ist tim de-<u>lorm</u>). J'ai réservé une table pour trois. Ich habe einen Tisch für drei Personen reserviert (ich h'<u>aa</u>-be aï-nen tish fuur draï pèr-<u>soo</u>-nen résèr-<u>viirt</u>).
S Voici la table. Dieser Tisch (<u>dii</u>-zèr tish). Asseyez-vous, je vous en prie. Nehmen Sie bitte Platz (<u>néé</u>-men sii <u>bi</u>-té plats) Voici la carte et la liste des boissons. Hier ist die Speisekarte und die Getränkeliste (hiir ist dii <u>spaï</u>-zekarte ound dii gué-<u>trèn</u>-keliste). Est-ce que vous voulez un apéritif? Wollen Sie einen **Aperitif** (<u>vol</u>-en sii <u>aï</u>-nen apéri-<u>tif</u>)?
G Un verre de vin mousseux avec jus d'orange. Ein Glas Sekt mit Orangensaft (aïn glaas sèkt mit o-<u>ran</u>-shensaft).
N Un apéritif sans alcool. Einen **alkoholfreien** Apéritif (<u>aï</u>-nen alko-<u>h'ool</u>-fraïen apéri-<u>tif</u>).
T Un verre de champagne. Ein Glas Champagner (aïn glaas sham-<u>pan</u>-ièr).
Après l'apéritif. Nach dem Aperitif.
S Que désirez-vous boire? Was wünschen Sie zu trinken? (vaas <u>vun</u>-shen sii tsou <u>trin</u>-ken)?
G Pour moi un verre de vin blanc. Für mich ein Glas Weißwein (fuur mich aïn glaas <u>vaïs</u>-vaïn).
N Un jus de fruits. Einen Fruchtsaft (<u>aï</u>-nen <u>froucht</u>-saft).
T Une bière à la pression. Ein Bier vom Fass (aïn biir fom fas).

S Qu'est-ce que vous voulez comme entrée? Welche Vorspeise wünschen Sie (<u>vél</u>-che <u>foor</u>-shpaïze <u>vun</u>-shen sii)?
T Melon et jambon. Melone und Schinken (mé-<u>loo</u>-ne ound <u>shin</u>-ken).
N Un potage aux haricots. Eine Bohnensuppe (<u>aï</u>-ne <u>boo</u>-nenzoupé).
G Un potage à la tomate. Eine Tomatensuppe (<u>aï</u>-ne to-<u>maa</u>-tenzoupé).
S Qu'est-ce que vous voulez comme plat principal? **Was** möchten Sie als Hauptgericht (vaas <u>meuch</u>-ten sii als h'aopt-güéricht)?
N Je prends un plat végétarien. Ich nehme ein vegetarisches Gericht (ich <u>néé</u>-me aïn végué-<u>taa</u>-rishes gué-<u>richt</u>). Quel plat me recommandez-vous? **Welches** Gericht empfehlen Sie mir (<u>vél</u>-ches gué-<u>richt</u> em-<u>pfèè</u>-len sii miir)?
S Pommes de terre avec chou de Bruxelles. Kartoffeln mit Rosenkohl (kar-<u>to</u>-feln mit <u>roo</u>-zenkool).
T Je vais *prendre* le rôti de porc avec des quenelles. Ich werde den Schweinebraten mit Knödeln *nehmen* (ich <u>vèr</u>-de déén <u>shvaï</u>-nebraaten mit <u>kneueu</u>-deln <u>néé</u>-men).
G Je vais prendre le steak et une salade composée. Ich werde das Steak und einen gemischten Salat nehmen (ich <u>vèr</u>-de daas stèèk ound <u>aï</u>-nen gué-<u>mish</u>-ten sa-<u>laat</u> <u>néé</u>-men).
S Le steak saignant, à point où bien cuit? Das Steak blutig, halb gar oder durchgebraten (daas stèèk <u>blouou</u>-tigk h'alb-gaar o-dèr <u>dourch</u>-guébraaten)?
G À point. Halb gar (<u>h'alb</u>-gaar).
S Quelle sauce pour la salade? Welche Salatsauce (<u>vél</u>-che sa-<u>laat</u>-soose)?
G Sauce française. Französische Soße (fran-<u>tseueu</u>-sishe <u>soo</u>-se).
Après le plat principal. Nach dem Hauptgericht.
S Est-ce que vous voulez un dessert? Wünschen Sie ein Dessert (<u>vun</u>-shen sii aïn de-<u>sèèr</u>)?
T Quels parfums de glace avez-vous? Welche Eissorten

haben Sie (<u>vél</u>-che <u>aïs</u>-sorten <u>h'aa</u>-ben sii)?
N Vanille, framboise, fraise, noix et abricot. Vanille, Himbeere, Erdbeere, Walnuss und Aprikose (va-<u>ni</u>-lé <u>h'</u>im-béére <u>èrd</u>-béére <u>val</u>-nous ound apri-<u>koo</u>-se).
T Glace panachée avec de la crème. Gemischtes Eis mit Sahne (gué-<u>mish</u>-tes aïs mit <u>saa</u>-ne).
G Quels gâteaux avez-vous? Welche Kuchen haben Sie (<u>vel</u>-che <u>kouou</u>-chen <u>h'aa</u>-ben sii)?
S Tarte aux fruits et tarte aux pommes. Früchtekuchen und Apfelkuchen (<u>fruch</u>-tekououchen ound <u>ap</u>-felkououchen).
G Une tarte aux pommes et un café. Einen Apfelkuchen und einen Kaffee (<u>aï</u>-nen <u>ap</u>-felkououchen und <u>aï</u>-nen <u>ka</u>-féé).
N L'apfelstrudel avec sauce vanille et un thé au citron. Apfelstrudel mit Vanillesauce und einenTee mit Zitrone (<u>ap</u>-felstrouodel mit va-<u>ni</u>-lésoosé ound <u>aï</u>-nen téé mit tsi-<u>troo</u>-ne).
Après un bon déjeuner. Nach einem guten Essen.
S C'était bon? War es gut (vaar és gouout)?
G C'était très bon. Es war sehr gut (és vaar sèèr gouout). Faites nos compliments au *cuisinier.* **Richten** Sie dem *Koch* unsere Komplimente **aus** (<u>rich</u>-ten sii déém koch <u>oun</u>-sère kompli-<u>mén</u>-te aos.)
T L'addition, s'il vous plait. Die Rechnung bitte (dii <u>rèch</u>-noungk <u>bi</u>-té). Une seule addition. Alles zusammen (<u>a</u>-les tsou-<u>sa</u>-men). Gardez la monnaie. Der Rest ist fur Sie (dèèr rèst ist fuur sii).

Q41: einen **alkoholfreien** règle de la déclinaison? **S41**: 26 **Q42**: **welches** comment on décline les adjectifs interrogatifs? **S42**: 59
F **Q43**: **was** comment on décline les pronoms interrogatifs? **S43**: 58 **Q44 Richten …aus** règle? **S44**: 44

Apprenez s.v.p. les mots de <u>robe</u> à <u>timbre-poste</u>.

Dixième jour

Quand on n'a pas compris

Est-ce que vous parlez français? Sprechen Sie französisch (shprè-chen sii fran-tseueu-sish)? Je ne comprends pas. Ich verstehe nicht (ich fèr-sté-h'e nicht). Vous pourriez le répéter et parler plus lentement? Könnten Sie es viederholen und langsamer sprechen (keun-ten sii és viidèr-hoo-len ound lang-samer shprè-chen)? Est-ce que vous pourriez l'épeler? Könnten Sie es buchstabieren (keun-ten sii és bouchshta-bii-ren)? Est-ce que vous pourriez l'écrire? Könnten Sie es aufschreiben (keun-ten sii és aof-shraï-ben)? Est-ce que vous pourriez le traduire? Könnten Sie es übersetzen (keun-ten sii és ubèr-sé-tsen)? Comment appelle-t-on cela en allemand? Wie heißt das auf Deutsch (vii haïst daas aof doïtsh)? Que veut dire ... Was bedeutet ... (vaas bé-doï-tet)? Avez - vous compris? Haben Sie verstanden (h'aa-ben sii fèr-shtan-den)?

F Phrases importantes

où se trouve / wo befindet sich (voo bé-fin-det sich) une location de voiture / eine Autovermietung (aï-ne ao-toofèr-miitoungk), la station-service / die Tankstelle (dii tank-shté-le), la consigne / die Gepäckaufbewahrung (dii gué-pèk-aof-bévaaroungk) le guichet des billets / der Fahrkartenschalter (dèèr faar-kartenshalter), l'enregistrement / der Chek-in Schalter (dèèr tshèk-in-shalter), un distributeur de billets / ein Geldautomat (aïn guèld-aotomaaat), l'office du tourisme / das Fremdenverkehrsamt (daas frém-denfèrkéérsamt), une boite aux lettres / ein Briefkasten (aïn briif-kasten)?
est-ce que je dois / muss ich (mous ich) **est-ce qu'on doit / muss man** (mous man) réserver / reservieren, changer

umsteigen (oum-shtaïguen) laisser une caution / eine Kaution zahlen (aï-ne kaotsi-oon tsaa-len), me garer ici / kann ich hier parken (kan ich hiir par-ken), laisser mes bagages ici / mein Gepäck hier lassen (maïn gué-pèk hiir la-sen), aller à pied / zu Fuß gehen (tsou fouous gué-h'en), prendre des photos / Fotos machen (fo-toos ma-chen), vous inviter / Sie einladen (sii aïn-laaden), vous raccompagner / Sie zurück begleiten (sii tsou-ruk bé-glaï-ten)?

pouvez-vous / können Sie mir (keu-nen sii miir) ...
m'expliquer / erklären (èr-klèè-ren), me commander/bestellen (bé-shté-len), me recommander / empfehlen (em-pfèè-len), me procurer / besorgen (bé-sor-guen) me montrer / zeigen (tsaï-guen), m'aider / helfen (h'èl-fen)?

est-ce qu'il y a / gibt es (guibt és) un grand magasin près d'ici / in der Nähe ein Kaufhaus (in dèèr nèè-h'é aïn kaofhaos), un parking / einen Parkplatz (aï-nen park-plats) quelqu'un qui / jemand der (iéé-mand dèèr), une visite guidée / eine Führung (aï-ne fuu-roungk), une réduction pour / einen Preisnachlass für (aï-nen praïs-nachlas fuur), une correspondance pour / einen Anschluss nach (aï-nen an-shlous nach), une auberge de jeunesse / eine Jugendherberge (aï-ne iouou-guendh'éérbèrgué)?

je voudrais / ich möchte (ich meuch-te) ... descendre / aussteigen (aos-shtaïguen) louer / mieten (mii-ten), payer / zahlen (tsaa-len), emporter / mitnehmen (mit-néémen), déclarer un vol / einen Diebstahl anzeigen (aï-nen diib-shtaal an-tsaïguen), déposer dans le coffre-fort / im Safe deponieren (im sééf dépo-nii-ren), prendre un rendez-vous / mir einen Termin geben lassen (miir aï-nen tèr-min guèè-ben lasen), visiter besichtigen (bé-sich-tiguen).

il y a / es gibt (és guibt) une erreur dans l'addition / einen Fehler in der Rechnung (aï-nen fèè-ler in dèèr rèch-noungk). Je porte du quarante / ich trage die Größe vierzig (ich traague dii greueu-se fiir-tsigk). Ma pointure est quarante / meine Schuhgröße ist vierzig (maï-ne shouou-greueuse ist fiir-tsigk). J'ai besoin de / ich brauche (ich brao-che), ne fonctionne pas / est cassé/e /... funktioniert nicht / ist kaputt (founktsio-<u>niirt</u> nicht ist ka-<u>pout</u>). Peut-on le réparer / kann man es reparieren (kan man és repa-<u>rii</u>-ren)? Ce sera prêt quand / wann ist es fertig (van ist és <u>fèr</u>-tigk)? ... est compris dans le prix / ist ... im Preis inbegriffen (ist im praïs <u>in</u>-bégrifen)? Est-ce que ça vous dérange si ... stört es Sie, wenn ... (shteueurt és sii vénn)?

F Dans le grand magasin

Je peux vous aider? Kann ich Ihnen helfen (kan ich <u>ii</u>-nen h'èl-fen)? Non, merci, je ne fais que regarder. Nein, danke, ich schaue mich nur um (naïn <u>dan</u>-ke ich shao-e mich nouour oum). Ça me plait; je *le* prends. Das gefällt mir; ich nehme *es* (daas gué-<u>fèlt</u> miir ich <u>néé</u>-me és). Est-ce que je peux payer par cette carte? Kann ich mit dieser Kreditkarte bezahlen (kan ich mit <u>dii</u>-zer kré-<u>dit</u>-karte bé-<u>tsaa</u>-len)? Est-ce que je peux avoir le ticket de caisse? Kann ich den Kassenzettel haben (kan ich déén <u>ka</u>-sentsètel h'<u>aa</u>-ben)? Vous pourriez me faire un paquet cadeau? Könnten Sie mir ein Geschenkpaket machen (<u>keun</u>-ten sii miir aïn gué-<u>shénk</u>-pakéét <u>ma</u>-chen)?

F Après un accident

Il y a eu un accident. Es hat einen Unfall gegeben (és h'at <u>aï</u>-nen <u>oun</u>-fal gué-<u>guèè</u>-ben). Appelez une ambulance et la police. Rufen Sie einen Krankenwagen und die Polizei (<u>rouou</u>-fen sii <u>aï</u>-nen <u>kran</u>-kenvaaguen ound dii poli-<u>tsaï</u>). Donnez moi votre nom, votre adresse et le numéro de votre assurance. Geben Sie mir Ihren Namen, Ihre Adresse und Ihre Versicherungsnummer (<u>guèè</u>-ben sii miir <u>ii</u>-ren <u>naa</u>-men <u>ii</u>-re a-<u>drè</u>-se ound <u>ii</u>-re fèr-<u>si</u>-chèroungsnoumer).

Prépositions régissant certains cas

E Vers le temps de la campagne électorale le père de Nicole va sans perdre le courage à travers le pays pour faire discussions pour le candidat A et contre le candidat B.
Um die Zeit des Wahlkampfes fährt der Vater von Nicole **ohne** den Mut zu verlieren **durch** das Land, um **für** den Kandidaten A und **gegen** den Kandidaten B Reden zu halten.

R **Préposition + accusatif: um, ohne, durch, für, gegen.**

E Nicole vient en train de la Provence. J'ai acheté des fleurs d'un fleuriste et j'attends depuis une heure sur le quai. Après son arrivée nous allons chez quelques amis pour faire une fête chez eux.
Nicole kommt **mit** dem Zug **aus** der Provence. Ich habe Blumen **von** einem Blumenhändler gekauft und warte **seit** einer Stunde auf dem Bahnsteig. **Nach** ihrer Ankunft gehen wir **zu** einigen Freunden, um **bei** ihnen ein Fest zu feiern.

R **Préposition + datif: mit, aus, von, seit, nach, zu, bei.**

E À cause de l'accumulateur Nicole ne pouvait pas téléphoner pendant le voyage et m'informer qu'il y a au lieu de l'horaire une grève et qu'elle arrivera plus tard par suite de la grève. En dépit du retard c'était une belle fête.
Wegen des Akkus konnte Nicole mich **während** der Reise nicht informieren, dass es **statt** des Fahrplans einen Streik gibt und sie **infolge** des Streikes später ankommen wird. **Trotz** der Verspätung war es ein schönes Fest.

R **Préposition + génitif: wegen, während, statt, infolge, trotz.**

F Mots 'Faux jumeaux'

l'omelette	das Omelett (<u>om</u>-lèt)
le parfum	das Parfüm (par-<u>fuum</u>)
le parc	der Park (park)
la personne	die Person (pèr-<u>soon</u>)
raser	rasieren (ra-<u>sii</u>-ren)
la réclamation	die Reklamation (réklamatsi-<u>oon</u>)
réparer	reparieren (repa-<u>rii</u>-ren)
réserver	reservieren (résèr-<u>vii</u>-ren)
salade	der Salat (sa-<u>laat</u>)
spécialité	die Spezialität (shpétsiali-<u>tèèt</u>)
soupe	die Suppe (<u>sou</u>-pé)
thé	der Tee (téé)
téléphone	das Telefon (<u>té</u>-léfoon)
température	die Temperatur (témpera-<u>touour</u>)
toilettes	die Toilette (toa-<u>lè</u>-té)
centre	das Zentrum (<u>tsén</u>-troum)
citron	die Zitrone (tsi-<u>troo</u>-né)

F Mots 'Faux amis'

Il y a en **allemand** des faux amis, qui ressemblent à des *mots français*, mais dont le sens est différent.

apparat / Prunk m	**Apparat** m / appareil
coffre / Kofferraum m	**Koffer** m / valise
dirigeant / Führer m	**Dirigent** m / chef d'orchestre
infusion / Kräutertee m	**Infusion** f / perfusion
parole / Wort n	**Parole** f / le mot d'ordre
raquette / Tennisschläger m	**Rakete** f / fusée
trésor / Schatz m	**Tresor** m / coffre-fort
veste / Jacke f	**Weste** f / gilet

Apprenez s.v.p. les mots de <u>tirer</u> à <u>wagon-restaurant.</u>

F Quand on est malade ... wenn man krank ist

Est-ce qu'il y a une pharmacie / un médecin au voisinage? Gibt es in der Nähe eine Apotheke / einen Arzt (guibt és in dèèr nèè-h'é aï-ne apo-téé-ke aï-nen artst)?

Je suis ... **Ich bin ...**
allergique à allergisch gegen (a-lèr-guish guéé-guen)
vacciné contre geimpft gegen (gué-impft guéé-guen)
tombé gestürzt (gué-shturtst)
enceinte de .. mois im .. Monat schwanger (moo-nat shvan-guer)
diabétique Diabetiker (dia-béé-tiker)
J'ai ... **Ich habe ...**
mal à la tête Kopfschmerzen (kopf-shmèrtsen)
mal aux oreilles Ohrenschmerzen (oo-renshmèrtsen)
mal à la gorge Halsschmerzen (h'als-shmèrtsen)
mal au dos Rückenschmerzen (ru-kenshmèrtsen)
les maux d'estomac Magenschmerzen (maa-guenshmèrtsen)
mal au ventre Bauchschmerzen (baoch-shmèrtsen)
un refroidissement eine Erkältung (aï-ne èr-kèl-toungk)
de la fièvre Fieber (fii-ber)
la toux Husten (h'ouous-ten)
une indigestion eine Verdauungsstörung (aï-ne fèr-dao-oungsshteueuroungk)
la diarrhée Durchfall (dourch-fal)
eu des vomissements mich übergeben (mich ubèr-guèè-ben)
une tension élevée / basse einen hohen / niedrigen Blutdruck (aï-nen h'oo-en nii-driguen blouout-drouk)
la nausée Brechreiz (brèch-raïts)
troubles circulatoires Kreislaufstörungen (kraïs-laof-shteueuroungen)
J'ai mal ici. Es tut hier weh (és touout h'iir véé).
Je prends régulièrement ces médicaments. Ich nehme diese Medikamente regelmäßig (ich néé-me dii-ze médika-mén-té ré-guelmèèsigk).

F Verbes irréguliers

Groupe 1:

Infinitif	3.pers. du sg	Prétérit	Auxiliaire + Participe passé	Traduction
a	**ä**	**ie/i**	**a**	
laufen	läuft	lief	ist gelaufen	courir
blasen	bläst	blies	hat geblasen	souffler

Moyen mnémotechnique:
E Je vous prie de s'arrêter et laisser la voiture sur le parking parce que je veux un peu dormir.
s'arrêter / **halten**, laisser / **lassen**, dormir / **schlafen**
Je te voudrais conseiller: attraper l'animal est dangereux. Tu peux tomber.
conseiller / **raten**, attraper / **fangen**, tomber / **fallen**
Trouvez la 3. pers. du sg, le prétérit et le participe passé des verbes du groupe 1. Solutions p. 76-77

Groupe 2:

a	**ä**	**u**	**a**	
graben	gräbt	grub	hat gegraben	creuser
schlagen	schlägt	schlug	hat geschlagen	battre
wachsen	wächst	wuchs	ist gewachsen	grandir

Moyen mnémotechnique:
E Je voudrais charger le linge sur la voiture. Je ne dois pas le porter et je peux aller en voiture.
charger / **laden**, linge > laver / **waschen**, porter / **tragen**, aller / **fahren**
Trouvez la 3. pers. du sg, le prétérit et le participe passé des verbes du groupe 2. Solutions p. 76-77

Groupe 3:

e	i	a	e	
geben	gibt	gab	hat gegeben	donner
messen	misst	maß	hat gemessen	mesurer
treten	tritt	trat	ist getreten	se placer

E N'oubliez pas: On doit manger le menu, pas bouffer!
Oublier / **vergessen** manger / **essen**, bouffer / **fressen**
Trouvez la 3. p. du sg, le prétérit et le participe passé.

Groupe 4:

e	i	a	o	
erschrecken	erschrickt	erschrak	ist erschrocken	s'effrayer
nehmen	nimmt	nahm	hat genommen	prendre
stechen	sticht	stach	hat gestochen	piquer
sterben	stirbt	starb	ist gestorben	mourir
werfen	wirft	warf	hat geworfen	jeter

E Je voudrais rencontrer la mère de Paul et la prier de m'aider et de parler avec Paul. S'il annule les fiançailles il pourrait briser mon cœur.
rencontrer / **treffen**, aider / **helfen**, parler / **sprechen**, briser / **brechen**
Trouvez la 3. p. du sg, le prétérit et le participe passé.

Groupe 5:

e	ie	a	e	
lesen	liest	las	hat gelesen	lire
sehen	sieht	sah	hat gesehen	voir
geschehen	geschieht	geschah	ist geschehen	arriver

Groupe 6 :

e	ie	a	o	
befehlen	befiehlt	befahl	hat befohlen	ordonner
empfehlen	empfiehlt	empfahl	hat empfohlen	recommander
stehlen	stiehlt	stahl	hat gestohlen	dérober

F Verbes irréguliers et verbes de modalité

beginnen	beginnt	begann	hat begonnen	commencer
biegen	biegt	bog	hat gebogen	courber
bieten	bietet	bot	hat geboten	offrir
bitten	bittet	bat	hat gebeten	prier
bleiben	bleibt	blieb	ist geblieben	rester
brechen	bricht	brach	hat gebrochen	rompre
brennen	brennt	brannte	hat gebrannt	brûler
bringen	bringt	brachte	hat gebracht	apporter
denken	denkt	dachte	hat gedacht	penser
essen	isst	aß	hat gegessen	manger
fahren	fährt	fuhr	ist gefahren	aller
fallen	fällt	fiel	ist gefallen	tomber
fangen	fängt	fing	hat gefangen	attraper
finden	findet	fand	hat gefunden	trouver
fliegen	fliegt	flog	ist geflogen	voler
fressen	frisst	fraß	hat gefressen	manger
gehen	geht	ging	ist gegangen	aller
gewinnen	gewinnt	gewann	hat gewonnen	gagner
haben	hat	hatte	hat gehabt	avoir
halten	hält	hielt	hat gehalten	s'arrêter
hängen	hängt	hing	hat gehangen	pendre
heißen	heißt	hieß	hat geheißen	s'appeler
helfen	hilft	half	hat geholfen	aider
kennen	kennt	kannte	hat gekannt	connaître
kommen	kommt	kam	ist gekommen	venir
laden	lädt	lud	hat geladen	charger
lassen	lässt	ließ	hat gelassen	laisser
leihen	leiht	lieh	hat geliehen	prêter
liegen	liegt	lag	hat gelegen	être couché
nennen	nennt	nannte	hat genannt	nommer
raten	rät	riet	hat geraten	conseiller
rennen	rennt	rannte	ist gerannt	courir
rufen	ruft	rief	hat gerufen	appeler

scheinen	scheint	schien	hat geschienen	briller
schieben	schiebt	schob	hat geschoben	pousser
schlafen	schläft	schlief	hat geschlafen	dormir
schließen	schließt	schloss	hat geschlossen	fermer
schneiden	schneidet	schnitt	hat geschnitten	couper
schreiben	schreibt	schrieb	hat geschrieben	écrire
schwimmen	schwimmt	schwamm	ist geschwommen	nager
sein	ist	war	ist gewesen	être
singen	singt	sang	hat gesungen	chanter
sitzen	sitzt	saß	hat gesessen	être assis
sprechen	spricht	sprach	hat gesprochen	parler
springen	springt	sprang	ist gesprungen	sauter
stehen	steht	stand	hat gestanden	être debout
steigen	steigt	stieg	ist gestiegen	monter
stoßen	stößt	stieß	hat gestoßen	heurter
streiten	streitet	stritt	hat gestritten	se disputer
tragen	trägt	trug	hat getragen	porter
treffen	trifft	traf	hat getroffen	rencontrer
trinken	trinkt	trank	hat getrunken	boire
tun	tut	tat	hat getan	faire
verbieten	verbietet	verbat	hat verboten	interdire
vergessen	vergisst	vergaß	hat vergessen	oublier
verlieren	verliert	verlor	hat verloren	perdre
waschen	wäscht	wusch	hat gewaschen	laver
werden	wird	wurde	ist geworden	devenir
wissen	weiß	wusste	hat gewusst	savoir
ziehen	zieht	zog	hat gezogen	tirer

Verbes de modalité

dürfen	darf	durfte	hat gedurft	pouvoir
können	kann	konnte	hat gekonnt	pouvoir
mögen	mag	mochte	hat gemocht	vouloir
müssen	muss	musste	hat gemusst	devoir
sollen	soll	sollte	hat gesollt	devoir
wollen	will	wollte	hat gewollt	vouloir

Vocabulaire

abricot Aprikose apri-koose f
accepter annehmen an-néémen
accident Unfall oun-fal m
accompagner begleiten glaï-ten
achat Kauf kaof m
acheter kaufen kao-fen
adaptateur A-dap-ter m
addition Rechnung noungk f
adresse Adresse a-drè-se f
aéroport Flughafen flououg m
age Alter al-tèr n
agneau Lamm n
agréable angenehm an-guénéém
aider helfen h'èl-fen
aimer lieben lii-ben
aller gehen gué-h'en
aller retour hin und zurück
aller voir nachsehen nach-sèhen
allergie Allergie alèr-guii f
allumette Streichholz straïch n
ambassade Botschaft boot f
ambulance Krankenwagen m
ami Freund froïnd m
ampoule (Glüh)Birne f
animal Tier tiir n
anniversaire Geburtstag m
annuaire du téléphone Telefonbuch télé-foon-bououch n
annuler annullieren anouliiren
antiquité Antiquität kvitèèt f
août August ao-goust m
apéritif Aperitif m
appartement Wohnung f
appareil photo Fotoapparat ~aparaat m
appeler rufen rouou-fen
s'appeler heißen h'aï-sen
apporter bringen brin-guen
après-midi Nachmittag m
arbre Baum baoum m
architecture Architektur f
argent Geld guèld n
arrêt Haltestelle shtélé f
arrêt d'autobus Bushaltestelle f
arrêter anhalten an-h'alten
arrivée Ankunft an-kounft f
arriver ankommen
art Kunst kounst f
artificiel künstlich kunstlich
artiste Künstler kunst-lèr
ascenseur Aufzug tsououg m
assez genug gué-nouougk
assiette Teller tè-ler m
assurance Versicherung f
attendre (er)warten
attention! Achtung! toungk
atteindre erreichen raï-chen
attestation Attest a-tèst n
auberge Gasthof h'oof m
auberge de jeunesse Jugendherberge iououguend
aujourd'hui heute hoï-te
au moins mindestens
aussi auch aoch
auto Auto ao-too n

autobus Autobus aotoobous m
automne Herbst h'èrbst m
autoroute Autobahn aotoobaan m
autre andere(r, -s)
avion Flugzeug fl̲ououg-tsoïg n
avoir haben h'aa-ben
avoir besoin de
brauchen brao-chen
avril April a-pril m
B
bac Fähre fèè-re f
bagages Gepäck gué-päk n
baigner baden baa-den
bain Bad baad n
balai Besen béé-sen m
balcon Balkon bal-koon m
banque Bank f
barque Kahn kaan m
bas Strumpf stroumpf m
bateau à moteur Motorboot n
bateau à voile
Segelboot séé-guelboot n
Batterie (Auto) Batterie f
beurre Butter bou-ter f
bicyclette Fahrrad faa-raad n
bientôt bald
bière Bier biir n
bijoutier Juwelier iouve-liir m
billet Fahrkarte faar-karte f
billet de banque Banknote f
biscuit Keks kééks m
bleu blau blao
boeuf Rind n
boire trinken trin-ken
boisson Getränk
ghé-trènk n

boite Schachtel shach-tel f
boite aux lettres
Briefkasten briif-kasten m
bon marché billig bi-ligk
bouche Mund mound m
boucherie Metzgerei f
bouchon Korken m
bougie Kerze kèr-tse f
boulangerie Bäckerei raï f
bouteille Flasche fla-shé f
bouteille de gaz
Gasflasche gaas-flashé f
bouton Knopf m
bras Arm m
briquet Feuerzeug tsoïg n
brochette Bratspieß shpiis m
brochure Broschüre shuure f
brouillard Nebel nèè-bel m
bruyant laut laot
bureau Büro bu-roo n
bureau des objets trouvés
Fundbüro found-buroo n
C
cabine téléphonique Telefonzelle télé-foon-tsèle f
cadeau Geschenk gué-shénk n
caisse Kasse ka-se f ~ de
maladie Krankenkasse f
camping Camping n
camper campen kam-pén
canot de sauvetage
Rettungsboot
ré- toungsboot n
caravane Wohnwagen m
carte de crédit
Kreditkarte krédit-karte f

79

carte d'identité
Personalausweis ~aosvaïs m
carte postale Postkarte f
casino Kasino ka-sii-noo n
cassé kaputt ka-pout
cathédrale Kathedrale f
ce dieser dii-zèr
ceinture Gürtel gur-tel m
célibataire
ledig léé-digk
celui-là dieser dort dii-zer
cendrier Aschenbecher m
centre Zentrum tsén-troum n
centre commercial Einkaufs-
zentrum aïn-kaofstséntroum n
cette diese dii-ze
chair Fleisch flaïsh n
chaise Stuhl shtououl m
chaleur Hitze hi-tse f
chambre Zimmer tsi-mer n
femme de ~ Zimmermädchen n
~ double Doppelzimmer n
chambre individuelle Einzel-
zimmer aïn-tseltsimer n
champignon Pilz pilts m
change (Geld) Wechsel
changer umsteigen shtaïghen
chanson Lied liid n
chapeau Hut h'ouout m
chaque jede(r, -s) iee-de
chariot Kofferkuli ~kouli m
château Schloss shlos n
chauffage
Heizung h'aï-tsoungk f
heizen h'aï-tsen
chaussette Socke so-ke f

chaussure Schuh shouou m
chemise Hemd h'émd n
chercher souou-chen
cheveu Haar n
chien Hund h'ound m
chocolat Schokolade f
ciel Himmel h'i-mel m
cimetière Friedhof m
cinéma Kino ki-noo n
ciseaux Schere shè-re f
ciseaux à ongles Nagel-
schere naa-guélshère f
citron Zitrone tsi-troo-ne f
clair klar klaar
clé Schlüssel shlu-sel m
climatisation
Klimaanlage
klii-maanlaague f
cœur Herz h'èrts n
coffre-fort Tresor trééhsoor
coiffeur Friseur fri-seueur m
collègue Kollege/in m/f gue
commencer beginnen
commander bestellen
compartiment
Abteil ab-taïl n
complet Anzug antsououg m
comprendre verstehen shtéé
compris inklusive klousiivé
concert Konzert kon-tsèrt n
concierge Hausmeister/in
confirmer bestätigen
confiture Konfitüre f
connaître kennen ké-nen
consigne
Gepäckaufbewahrung f

consommer verbrauchen
constater feststellen
contenir enthalten ént-h'al-ten
contrat Vertrag m
contrôler kontrollieren
corps Körper keur-per
correspondance Anschluss m
coton Baumwolle baom-vole f
couleur Farbe f
couper schneiden shnaï-den
courant Strömung f
cours Kurs kours m
cours de ski Skikurs shii-kours
cousin/e Cousin/e m/f
coussin Kissen ki-sen n
couteau Messer mè-ser n
coûter kosten ko-sten
couvert Besteck bé-shték n
couverture Decke f
crème Sahne saa-ne f
crème solaire Sonnencreme f
croisement Kreuzung f
croisière Kreuzfahrt f
cru roh
cuiller Löffel leu-fel m
cuisine Küche ku-che f
cuisiner kochen
cuit gekocht
D
dame Dame daa-me f
danger Gefahr gué-faar f
dangereux gefährlich
danser tanzen tan-tsen
date Datum daa-tum n
date limite Verfalldatum n
fèr-fal-daatoum

date de naissance
Geburtsdatum n
début Beginn bé-guin m
décembre Dezember m
décision Entscheidung f
décrire beschreiben
déjà schon
déjeuner Frühstück fruu n
demain morgen mor-guen
demander fragen fraa-guen
demi halb
demi kilo halbes Kilo
demi-pension
Halbpension f
dénoncer anzeigen tsaïguen
dent Zahn tsaan m
dentifrice Zahncreme f
dentiste Zahnarzt -ärztin
départ Abfahrt ab-faart f
dépenser ausgeben guèben
déranger stören shteueu-ren
derrière hinter h'in-ter
descendre aussteigen
déviation Umleitung f
devoir müssen mu-sen
diète Diät di-èèt f
différent verschieden -shii-
difficulté Schwierigkeit -ii-
dimanche Sonntag m
dîner Abendessen n
dire sagen saa-guen
direct direkt di-rèkt
direction Richtung f
discothèque Diskothek f
disparaître verschwinden
docteur Arzt aartst m

doctoresse Ärztin èèrts-tin f
doigt Finger fin-guer m
donner geben guè-ben
dormir schlafen shlaa-fen
dos Rücken ru-ken m
douche Dusche dou-she f
douleur Schmerz shmèrts m
drap de lit Betttuch touuch m
durer dauern dao-ern
E
eau minérale Mineralwasser n
eau potable Trinkwasser n
écharpe Schal shaal m
écrire schreiben shraï-ben
électrique elektrisch é-lèk-trish
embarcadère Anlegestelle f
émouvoir rühren ruu-ren
emporter mit-nehmen néémen
emprunter leihen laï-h'en
encore noch
en face gegenüber -uu-ber
enfant Kind n
entendre hören h'eueu-ren
entre zwischen tsvi-shen
entrée Eingang aïn-gangk m
enveloppe Briefumschlag m
envie Lust loust f
environ ungefähr oun-gefèèr
envoyer schicken shi-ken
épeler buchstabieren bouuch
épices Gewürz gué-vurts n
épouse Gattin f
époux Gatte m
épuisé ausverkauft aos-fèrkaoft
équipe Mannschaft shaft f

erreur Irrtum ir-toum m
escalier Treppe trè-pe f
escalier roulant Rolltreppe f
escalope Schnitzel shni n
essayer ausprobieren
essence Benzin bén-tsin n
estomac Magen maa-guen m
étage Etage é-taa-shé f
été Sommer so-mèr m
étranger Ausländer m
être sein saïn
être assis sitzen si-tsen
étroit eng
excuser entschuldigen
expliquer erklären èrklèèren
exposition Ausstellung f
expression Ausdruck m
F
faim Hunger h'oun-guer m
faire machen
faire de la voile
  segeln séé-gueln
famille Familie f
fatigué müde muu-de
femme Frau frao f
fenêtre Fenster n
fermer schließen shlii-sen
fête Fest fèst n
feu Feuer foï-er n
février Februar fé-brouaar m
fille Tochter f Mädchen n
fils Sohn soon m
fin Ende én-de n
finir beenden bé-én-den
fleur Blume blouou-me f

fleuve Fluss flous m
foire Markt m
fois mal maal
fonctionner funktionieren nii
fontaine Brunnen brou-nen m
forme Form f
fortune Glück gluk n
fourchette Gabel gaa-bel f
fraise Erdbeere èrd-béére f
français französisch -tseueu-
(la) France Frankreich raïch n
frein Bremse brém-se f
frère Bruder brouou-der m
fresque Fresko frès-ko n
fromage Käse kèè-se m
frontière Grenze grén-tse f
fruit Obst n
fruits de mer Meeresfrüchte f
fumer rauchen rao-chen
fumeur Raucher rao-cher m
G
gagner gewinnen gué-vi-nen
galerie Gallerie gale-rii f
gant Handschuh handshouou m
garage Werkstatt vèrk-stat f
garçon Junge ioun-gue m
garder bewachen be-va-chen
garderobe Garderobe f
gare Bahnhof baan-h'oof m
garer parken
garniture Beilage baï-laague f
gâteau Kuchen kouou-chen m
gazeux kohlensäurehaltig
gazole Diesel dii-sel m
genou Knie knii n

gens Leute loï-te m / f pl
gentil freundlich froïnd-lich
glace Eis aïs n
glacier Eisdiele aïs-diile f
golf miniature Minigolf n
goutte Tropfen m
graisse Fett fèt n
gramme Gramm n
grand magasin
Kaufhaus kaof-h'aos n
grand-père (grand-mère)
Großvater (Großmutter)
gril Grill m
groupe Gruppe grou-pé f
guichet des billets
Fahrkartenschalter m
guide Reiseführer m
guide de montagne
Bergführer bèrg-fuurer m
H
habillement Kleidung f
habitant Einwohner m
habiter wohnen voo-nen
hâte Eile aï-le f
haut-parleur Lautsprecher m
hélicoptère Hubschrauber m
heure Stunde shtoun-de f
heures d'ouverture
Öffnungszeiten f / pl
heureux glücklich
hier gestern gué-stern
histoire Geschichte f
hiver winter vin-ter m
homme Mensch ménsh m
hôpital Hospital h'ospitaal n

horaire Fahrplan faar-plaan m
horloge Uhr ouour f
hors d'œuvre Vorspeise f
hôtel Hotel h'o-tèl n
huile Öl eueul n
I
ici hier h'iir
île Insel in-sel f
imperméable Regenmantel m
important wichtig vich-tigk
indicatif Vorwahl foor-vaal f
indice de protection Lichtschutzfaktor m
infection Infektion f
infirmière Krankenschwester f
information Information f
informer informieren
inscription Anmeldung f
insecte Insekt in-sèkt n
piqûre d'insecte Insektenstich m
interdire verbieten fèr-bii-ten
interprète Dolmetscher/in m/f
inviter einladen aïn-laaden
italien(ne) italienisch
J
jamais niemals nii-mals
jambe Bein baïn n
jambon Schinken shin-ken m
janvier Januar ia-nouar m
jardin Garten m
jeu Spiel shpiil n
jeudi Donnerstag m
jouer spielen shpii-len
jour Tag taagk m
~ de l'an Neujahrstag m
jour de fête Festtag m
jour ouvrable Werktag m
journal Zeitung tsaïtoungk f
juillet Juli iouou-li m
juin Juni iouou-ni m
jumelles Fernglas n
jupe Rock m
jus Saft m
jus de fruit Obstsaft m
K
kilomètre Kilometer m
kiosque Kiosk m
L
là da, dort
lac See séé m
laine Wolle vo-le f
laisser lassen la-sen
lait Milch f
lampe Lampe f
lavabo Waschbecken n
laver waschen va-shen
laxatif Abführmittel n
légume Gemüse guémuuse n
lettre Buchstaben m
lever (se) aufstehen
lèvre Lippe f
librairie Buchhandlung f
lieu Ort m
au lieu de statt
liqueur Likör li-keueur m
liquide Flüssigkeit f
lire lesen lè-sen
liste Liste li-ste f
lit Bett bét n
litre Liter li-ter m
livre Buch bououch n

location Verleih fer-laï m
location de voitures
Autoverleih m
louer mieten mii-ten
loyer Miete mii-te f
lumière Licht n
lundi Montag mon-taag m
lune Mond moond m
lunettes Brille bri-le f
M
magasin Geschäft gé-shèft n
magasin de photographie
Fotogeschäft n
magnifique wunderbar
mai Mai maï m
main Hand f
maintenant jetzt iétst
mairie Rathaus raat-h'aos n
maison Haus h'aos n
maître nageur Bademeister m
malade krank
maladie Krankheit ~haït f
malheureusement leider laï-der
manger essen ès-en
manquer fehlen fèè-len
manteau Mantel man-tel m
marché Markt m
marché aux puces
Flohmarkt.floo-markt m
mardi Dienstag diins-taag m
marié verheiratet fèr-h'aï-raatet
maroquinerie Ledergeschäft n
mars März mèrts m
matelas Matratze ma-tra-tse f
matelas pneumatique
Luftmatratze f

matériel Material n
matière Materie f
matin Morgen mor-guen m
mécanicien Mechaniker m
médecin Arzt artst m
médicament Medikament n
ménage Haushalt m
menu Menü me-nuu n
mer Meer méér n
mercredi Mittwoch m
mère Mutter mou-ter f
message Nachricht f
mesurer messen mè-sen
mètre Meter mééter m
mettre stellen shté-len
miel Honig h'oo-nigk m
midi Mittag mi-taagk m
minuit Mitternacht f
minute Minute minououte f
miroir Spiegel shpii-guel m
mixte gemischt gué-misht
mode Mode moo-de f
moins weniger vé-niguèr
mois Monat moo-nat m
moitié Hälfte h'èlf-te f
moment Moment m
monastère Kloster kloo n
monsieur Herr h'èr m
montagne Berg bèrgk m
monter steigen staï-guen
montrer zeigen tsaï-guen
mot Wort vort n
moteur Motor mo-toor m
motocyclette Motorrad n
mou weich vaïch
mouche Fliege flii-gué f

mouchoir Taschentuch n
moyen mittlere mit-lère
mur Mauer mao-er f
muscle Muskel mous-kel m
musée Museum mou-sé-oum n
musique Musik mou-sik f
N
nager schwimmen shvi-men
nationalité Nationalität f
navire Schiff shif n
né geboren gué-boo-ren
nécessaire notwendig
neige Schnee shnéé m
ne ... pas nicht
ne ... que nur nouour
nettoyer reinigen raï-niguen
nez Nase naa-se f
noix Nuss nous f
nom Namen naa-men m
nombre Nummer nou-mer f
non alcoolisé alkoholfrei
nouvel an Neujahr noï-jaar n
nuit Nacht f
nuque Nacken na-ken m
O
oblitérer entwerten ént-vèèr-ten
occuper besetzen be-set-sen
oeil Auge ao-gue n
oeuf Ei aï n
office du tourisme
Fremdenverkehrsamt n
offrir öffnen euf-nen
ombre Schatten sha-ten m
ombreux schattig sha-tigk
omelette Omelett
om-lèt n

on man
ongle Fingernagel m
opération Operation f
opticien Optiker m
or Gold n
orange Orange o-rash-e f
ordonnance Rezept n
oreille Ohr oor n
os Knochen m
oublier vergessen
ouvre - bouteille
Flaschenöffner m
ouvrir öffnen euf-nen
P
pain Brot broot n
paire Paar paar n
palais Palast pa-last m
panne Panne pa-ne f
pantalon Hose h'oo-se f
papier Papier pa-piir n
papier hygiénique
Toilettenpapier n
Pâques Ostern oo-stern n
parapluie Regenschirm m
parasol Sonnenschirm m
par avion mit Luftpost f
parapente Gleitschirm m
parc Park m
parc de stationnement
Parkplatz park-plats m
parcmètre Parkuhr ouour f
parents Eltern pl
parfum Parfüm par-fuum n
parking couvert Tiefgarage f
parler sprechen shpre-chen
partager teilen taï-len

partie Teil taïl m
partir abreisen ab-raïsen
passeport Pass m
pâte Teig taïg m
patience Geduld guédould f
patient Patient patsient m
patinage Eislaufen aïs-laofen n
pâtisserie Konditorei f
payer zahlen tzaa-len
pays Land n
péage Maut maot f
peau Haut h'aot f
pêche Fisch fish
pêcher angeln an-gueln
pédiatre Kinderarzt / ärztin
peigne Kamm m
peignoir Bademantel m
peindre malen maa-len
peintre Maler/in m/f
peinture Gemälde gué-mèl-de n
pellicule Film m
pellicule couleurs
Farbfilm m
penser denken dén-ken
perdre verlieren fer-lii-ren
père Vater faa-ter m
permettre erlauben er-lao-ben
permis de conduire
Führerschein fuu-rershaïn m
petit-déjeuner Frühstück n
petit pain Brötchen breueut ~ n
peut-être vielleicht fi-laïcht
pharmacie Apotheke apotééke f
photo Foto n
photographe Fotograf(in)
photographier fotografieren

pièce Stück stuk n
pièce de monnaie Münze f
pied Fuß fouous m
piéton Fußgänger m
pile Batterie bate-rii f
pilule Pille pi-le f
piquant pikant
piscine Schwimmbad n
piste de fond
Loipe loi-pe f
place Platz plats m
place assise Sitzplatz m
plage Strand m
plaindre bedauern
plaire gefallen gué-fa-len
plan Plan plaan m
plan d'une ville
Stadtplan m
plante Pflanze pflan-tse f
plein voll
pleuvoir regnen règ-nen
plonger tauchen tao-chen
pluie Regen rèè-guen m
plus mehr
pneu Reifen raï-fen m
pneu à plat Plattfuß m
poche Tasche ta-she f
poisson Fisch fish m
poivre Pfeffer pfè-fer m
police Polizei poli-tsaï f
pomme Apfel a-pfel m
pomme de terre Kartoffel f
ponctuel pünktlich punktlich
pont Brücke bru-ke f
porc Schwein shvaïn n
port Hafen h'aa-fen m

port Porto por-too n
portable Handy h'èn-di n
quelque chose etwas ét-vas
porte Tür tuur f
portefeuille Brieftasche f
porte-monnaie Geldbeutel m
porter tragen traa-guen
portion Portion portsi-oon f
possible möglich meueug-lich
poubelle Mülleimer – aïmer m
poulet Hähnchen h'èèn-chen n
pour cent prozent pro-tsent
pouvoir können keu-nen
poste Post f
préférer bevorzugen
prendre nehmen néé-men
présenter vorstellen foor-stelen
presser drücken dru-ken
prêt bereit be-raït
prier bitten bi-ten
printemps Frühling m
prise de courant
Steckdose shték-doose f
privé privat pri-vaat
prix Preis praïs m
prix d'entrée Eintrittsgeld n
prochain(e) nächste
procurer besorgen be-sor-guen
profession Beruf be-roouuf m
profond tief tiif
programme Programm n
prononcer aus-sprechen
propre sauber sao-ber
pur rein raïn
purification Reinigung f

Q
quai Gleis glaïs n
question Frage fraa-gué f
quitter verlassen fèr-la-sen

R
radiographier
röntgen reunt-guen
rapide Schnellzug m
rasoir Rasierapparat m
réception Empfang m
recevoir erhalten èr-h'al-ten
réclamation Reklamation f
recommander empfehlen
reçu Quittung kvı-toungk f
réduction Preisnachlass m
regard Blick m
regarder betrachten
région Region réghion f
religion Religion guion f
remercier danken
remontée mécanique Skilift
remplir ausfüllen aos-fulen
rencontrer treffen trè-fen
rendez-vous Rendezvous n
réparation Reparatur f
réparer reparieren repariiren
repas Mahlzeit maal-tsaït f
repasser bügeln buu-gueln
répéter wiederhoolen
répondre antworten
réservation Reservierung f
réserver reservieren
respirer atmen aat-men
restaurant Restaurant n
rester bleiben blaï-ben

retard Verspätung f
retirer abheben ab-h'éében
retour Rückkehr ruk-kéér f
retourner zurückkehren
réveiller wecken vé-ken
revoir wiedersehen
revue Zeitschrift tsaït-shrift f
rien nichts
rire lachen
riz Reis raïs m
robe Kleid klaïd n
robinet Wasserhahn m
rompre brechen brè-chen
rond rund round
rôti Braten braa-ten m
rouge rot root
rouge Lippenstift m
rue Straße straa-se f
S
sable Sand m
sac à dos Rucksack rouk m
sac à main Handtasche f
sachet Beutel boï-tel m
saigner bluten blouou-ten
saison Jahreszeit iaarestsaït f
avant - saison Vorsaison f
pleine - saison Hochsaison f
salade Salat sa-laat m
salade de fruits Fruchtsalat m
sale schmutzig shmou-tsigk
salle Saal saal m
saluer grüßen gruu-sen
salut Gruß grouous m
sang Blut blouout n
sans ohne oo-ne
santé Gesundheit gesoundhaït f

sapin Tanne ta-ne f
satisfait zufrieden
sauce Soße soo-se f
saucisse Bratwurst ~vourst f
saumon Lachs laks m
savoir wissen vi-sen
savon Seife saï-fe f
sculpteur Bildhauer m
sculpture Skulptur~touour f
seau Eimer aï-mer m
secours Hilfe h'il-fe f
séjour Aufenthalt m
sel Salz n
semaine Woche vo-che f
sens unique Einbahnstraße
sentier Pfad pfaad m
sentir fühlen fuu-len
séparé ge-trennt
serveur Kellner kèl-ner m
service Service m
service religieux
Gottesdienst m
serviette Serviette f
serviette de toilette
Handtuch h'and-tououch n
serviette hygiénique
Damenbinde f
servir bedienen be-dii-nen
seul allein a-laïn
seulement nur nouour
siècle Jahrhundert n
signature Unterschrift f
signer unter-schrei-ben
signifier bedeuten be-doï-ten
silence Stille sti-le f
silencieux still

s'informer sich informieren
s'intéresser à sich interessieren
ski Schi shii m
faire du ski Schi fahren faa-ren
ski de fond Langlauf ~laof m
socquette Söckchen n
sœur Schwester shvé-ster f
soif Durst dourst m
soigner behandeln
soir Abend aa-bend m
soldes Ausverkauf m
soleil Sonne so-né f
somme Summe sou-mé f
sonner läuten loï-ten
sonnette Klingel klin-guel f
sortie Ausgang aos-gangk m
sortie de secours
Notausgang noot-aosgangk m
sortir ausgehen aos-géh'en
soupe Suppe sou-pé f
souvent oft
sparadrap Heftpflaster n
splendide herrlich h'èr-lich
station-service
Tankstelle f
steak Steak n
stupide dumm doum
style Stil stiil m
sucre Zucker tsou-ker m
suivre folgen fol-guen
supermarché Supermarkt m
sûr sicher
surprise Überraschung f
surtout vor allem
surveiller überwachen
sympathique sympathisch

synthétique synthetisch
T
table Tisch tish m
tableau Bild n
taille (couture) Größe f
tasse Tasse ta-sé f
taxe Steuer stoï-er f
taxe de séjour
Kurtaxe kouour-taxe f
télécarte Telefonkarte f
téléphérique Draht-
seilbahn draat-saïlbaan f
téléphoner telefonieren
télésiège Sessellift m
télévision Fernsehen n
temps Zeit tsaït f
tenir halten h'al-ten
tente Zelt tsèlt n
terminus Endstation f
terrain de golf
Golfplatz golf-plats m
terrasse Terrasse f
tête Kopf m
théâtre Theater te-aa-ter n
thé Tee téé m
thermomètre medical
Thermometer n
tiers Drittel dri-tel n
timbre-poste Briefmarke f
tire-bouchon Korkenzieher
tirer ziehen tsii-h'en
tissu Stoff m
tomate Tomate to-maa-te f
ton, ta, dein/e daïn/e
toucher berühren be-ruu-ren
toujours immer

tour Rundfahrt round-faart f
tout(e) ganze(r -s) gan-tse(r -s)
tout de suite sofort so-fort
tout droit geradeaus
train Zug tsououg m
tranche Scheibe shaï-be f
tranquille ruhig rou-h'igk
transport Transport m
travailler arbeiten ar-baïten
traverser überqueren kvéé-ren
trop zu viel tsou fiil
trouver finden fin-den
trouver (se) sich befinden
U
urgence Notfall noot-fal m
urgent dringend drin-guend
utiliser benutzen bé-nou-tsen
V
vacances Ferien fé-rien pl
valable gültig gul-tigk
valise Koffer ko-fer m
vanille Vanille va-ni-lé f
veau Kalb n
vendre verkaufen fèr-kao-fen
venir kommen ko-men
vent Wind vind m
vente Verkauf fèr-kaof m
vente de billets Karten-
verkauf kar-tenfèrkaof m
ventilateur Ventilator m
véritable wahr vaar
verre Glas glaas n
verser einzahlen aïn-tsaalen
vert grün gruun

vide leer lèèr
village Dorf n
ville Stadt shtat f
vin Wein vaïn m
~ blanc Weißwein vaïs~m
~ rouge Rotwein root~m
vinaigre Essig é-sigk m
visage Gesicht gué-sicht n
visite Besichtigung f
~ guidée Führung f
visiter besichtigen
vitesse Geschwindigkeit f
vitrine Schaufenster n
vivre leben lèè-ben
vœu Wunsch wounsh m
voir sehen sèè-h'en
vol Diebstahl diib-shtaal m
voler stehlen shtèè-len
volet Fensterladen m
volontiers gern(e)
voltage Voltzahl f
vouloir wollen vo-lén
voyage Reise raï-se f
voyager reisen raï-sen
vue Aussicht aos-sicht f
W
wagon couchettes
Liegewagen liiguewaaguen
wagon-lit Schlafwagen m
wagon-restaurant
Speisewagen m
Y
y da, dahin, dort
yaourt Joghurt m ou n

Faites attention à la page suivante s.v.p.

Du même auteur

Costanza. Jean — Nouveau cours de langue
Apprendre l'italien en 10 jours sans peine
Éditeur:
Books on Demand
12 - 14 rond point des Champs Elysées
PARIS
Dépôt légal: février 2011
ISBN 978-2-8106-1413-4

Costanza. Jean — L'anglais en 10 jours
Cours de langue avec une nouvelle méthode
Editeur:
Books on Demand
Norderstedt. Allemagne
ISBN 978-3-7322-3049-5